L'EXPÉDITION
DE
MADAGASCAR

RAPPORT D'ENSEMBLE

FAIT AU MINISTRE DE LA GUERRE LE 25 AVRIL 1896

Par le Général DUCHESNE

PARIS
Henri CHARLES-LAVAUZELLE
Éditeur militaire
11, Place Saint-André-des-Arts, 11

(Même maison à Limoges.)

L'EXPÉDITION
DE MADAGASCAR

L'EXPÉDITION
DE
MADAGASCAR

RAPPORT D'ENSEMBLE

FAIT AU MINISTRE DE LA GUERRE LE 25 AVRIL 1896

Par le Général DUCHESNE

PARIS
HENRI CHARLES-LAVAUZELLE
Éditeur militaire
11, PLACE SAINT-ANDRÉ-DES-ARTS, 11

(Même maison à Limoges.)

L'EXPÉDITION

DE

MADAGASCAR

Rapport d'ensemble fait au ministre de la guerre le 25 avril 1896.

Monsieur le Ministre,

De retour en France depuis le 20 février dernier, j'ai l'honneur de vous soumettre, en exécution de vos ordres, un rapport résumant les principales circonstances de l'expédition que je viens de diriger à Madagascar. Ce travail, tout en mettant en lumière les conditions de préparation et d'exécution de la campagne, ne saurait, sous peine d'entraîner à d'excessifs développements, être autre chose qu'un simple précis des faits essentiels de l'expédition. Il ne pourrait donc, à mon avis, être considéré comme devant tenir lieu d'un véritable historique, ultérieurement rédigé d'après les documents transmis à l'état-major de l'armée et qui permettra de tirer de l'étude de cette campagne les enseignements qu'elle doit comporter.

I. — ORIGINES DE LA GUERRE

Il semble à peine utile de rappeler ici les origines de la guerre, si magistralement exposées par M. Hanotaux dans ses discours à la Chambre des députés et au Sénat, des 13 novembre, 23 novembre et 6 décembre 1894. Elles se résument dans le fait général de la résistance opposée par le gouvernement hova à l'exécution des clauses du traité du 17 décembre 1885, fait caractérisé par la persistance de ce gouvernement à dénier au résident général de France le droit d'intervenir dans les questions relatives à la délivrance de l'exequatur aux consuls étrangers, par l'impunité assurée aux fréquents attentats commis contre nos nationaux et par l'impossibilité, pour le représentant de la France, d'en jamais obtenir réparation.

Mis ainsi dans la nécessité d'imposer aux Hovas l'application du contrat de 1885, le gouvernement de la République, qui répugnait à l'idée d'user de sa force, sans avoir, au préalable, tout tenté pour obtenir une solution pacifique du conflit, chargea encore M. Le Myre de Vilers, ancien résident général de France à Madagascar, d'aller négocier en personne, à Tananarive, l'établissement d'un *modus vivendi* plus conforme à nos intérêts politiques et à notre dignité nationale. On sait comment le plénipotentiaire français, arrivé à Tananarive le 8 octobre 1894, s'y heurta aux plus incroyables prétentions, ne put qu'y organiser, dans des conditions qui font honneur à sa fermeté et à sa prévoyance, l'exode de nos nationaux et dut en repartir le 27 octobre suivant pour se rembarquer, le 26 décembre, après avoir encore inutilement attendu à Tamatave que Rainilaiarivony témoignât du moindre désir de conciliation.

Toute solution autre que la guerre ou un abandon, difficile à justifier, de nos droits traditionnels sur Madagascar, était, dès lors, devenue impossible. Le pays et le Parlement le comprirent ainsi, et le vote de la loi du 7 décembre 1894 vint donner au Gouvernement les moyens d'imposer, par la force, au gouvernement malgache, ce que n'avaient pu obtenir de lui huit années d'efforts pacifiques et de patientes négociations.

II. — ÉTUDES PRÉPARATOIRES A L'ORGANISATION DE L'EXPÉDITION

Le Gouvernement, dont l'attention se trouvait éveillée depuis de longs mois sur l'éventualité d'une campagne de guerre à Madagascar, n'avait pas attendu que les faits en eussent imposé l'évidente nécessité pour se préoccuper des moyens d'y faire face. Plus d'un an à l'avance et presque simultanément, les deux ministères de la guerre et de la marine avaient mis la question à l'étude, et le second de ces départements avait même fait reconnaître, avec la prudence et la discrétion qu'exigeaient les circonstances, les points de débarquement possibles, ainsi que certaines des routes conduisant des côtes ouest et est de l'île à la capitale.

Les renseignements recueillis par les deux états-majors faisaient ressortir de graves difficultés matérielles à vaincre, pour le corps expéditionnaire : absence complète de toutes voies de communications autres que des sentiers à peine tracés, franchissant des obstacles naturels considérables; insalubrité générale du climat, surtout dans les parties basses de l'île; défaut général de ressources locales, sauf en Emyrne. Quant aux moyens militaires de la défense, bien que l'armée hova parût peu capable d'opposer une résistance sérieuse, on devait tenir compte du fait que, partiellement dressée par quelques instructeurs français et étrangers, elle était, d'autre part, pourvue d'armes européennes récemment fournies au gouvernement malgache en quantités assez considérables pour qu'il lui fût possible de mettre en ligne de 25 à 30.000 soldats convenablement armés et pourvus d'une artillerie évaluée à 40 ou 50 pièces modernes.

Dans le but d'utiliser, en les contrôlant, ces diverses données, une commission mixte d'études fut constituée, au mois d'août 1894, au ministère des affaires étrangères ; cette commission comprenait un représentant qualifié de chacun des quatre départements des affaires étrangères, des colonies, de la marine et de la guerre. La commission d'études poussa activement ses travaux et déposa, le 29 août, un rapport collectif qui contenait, après un exposé militaire et géographique aussi complet que le comportait l'état des connaissances ainsi réunies, un ensemble de propositions relatives à la constitution numérique du corps expéditionnaire, à la satisfaction de ses besoins essentiels et aux conditions éventuelles de sa marche sur Tananarive.

En termes généraux, la commission jugeait nécessaire l'emploi d'un effectif minimum de 12.000 combattants, exclusivement ravitaillés par l'arrière ; elle indiquait, d'autre part, la rade de Majunga et les vallées de la Betsiboka et de l'Ikopa comme devant offrir la moindre somme de difficultés pour le débarquement du corps expéditionnaire et pour sa marche vers Tananarive. Elle estimait, enfin, possible et désirable, au cas où ses propositions seraient agréées, l'emploi de la voie fluviale de la Betsiboka, jusqu'à son confluent avec l'Ikopa, pour le transport du matériel et même d'une partie des troupes.

Ces conclusions ayant été, dans leur ensemble et sous réserve de développements ultérieurs, adoptées par le Gouvernement, en ce qui concerne notamment la ligne d'opérations et l'utilisation de la voie fluviale, le département de la marine dut se préoccuper du matériel à constituer pour cette navigation spéciale. Il s'arrêta (vers la fin d'octobre) au principe de la création d'une flottille, qui devait comprendre : 12 canonnières ou remorqueurs de 25 mètres et 50 chalands, tous démontables et de types analogues à ceux des bâtiments de même nature qui avaient été employés avec succès au Dahomey ; plus 6 canots à vapeur et 4 pontons d'accostage.

Disons tout de suite que, lorsque, vers la mi-novembre, le Gouvernement eut décidé de confier au département de la guerre la direction générale de l'expédition, celui-ci adopta, sans autre modification qu'une faible réduction sur le nombre des chalands, le programme de l'administration de la marine pour la constitution de la flottille.

La question des transports par terre, posée en même temps, fut, de même, conformément aux propositions de la commission d'études, résolue en principe dans le sens de l'adoption, comme moyen principal de transport, de voitures métalliques, déjà employées antérieurement, par la marine et les colonies, au Dahomey, au Soudan et au Tonkin et qui sont communément dénommées « voitures Lefebvre », du nom de leur constructeur.

III. — PRÉPARATION DE L'EXPÉDITION

C'est, comme il vient d'être dit, dans la première quinzaine de novembre 1894 que le Gouvernement décida de confier au département de la guerre la direction supérieure de l'expédition, en laissant toutefois à celui de la marine le soin de pourvoir aux transports maritimes, ainsi qu'à la direction du port de Majunga et celui d'assurer, en même temps que la surveillance des côtes, le commandement des établissements, permanents ou temporaires, créés en dehors de la zone des opérations immédiates du corps expéditionnaire.

C'est, par suite, M. le général Mercier, ministre de la guerre, qui déposa, le 13 novembre, concurremment avec M. le ministre de la marine et au nom du Gouvernement, une demande de crédits de 65 millions de francs pour subvenir aux frais de l'expédition. Votée par la Chambre, le 26 novembre, à la majorité de 372 voix contre 135 et, le 6 décembre, par le Sénat, à la majorité de 267 voix contre 3, la loi des crédits fut promulguée le 7 décembre 1894.

Cependant, le Gouvernement n'avait pas attendu que l'adoption du projet fût devenue définitive pour désigner l'officier général appelé à exercer éventuellement le commandement du corps expéditionnaire ; son choix s'était porté sur le général Duchesne, commandant de la 14e division d'infanterie, qui fut appelé à Paris, le 28 novembre, pour conférer avec le ministre. Cette conférence ayant fait ressortir l'avantage d'associer le futur commandant en chef à la préparation des détails d'organisation de l'expédition, le ministre décida, aussitôt après la promulgation de la loi, de maintenir à Paris cet officier général comme président d'une commission temporaire, dite d'organisation, dont firent également partie le chef d'état-major et les chefs désignés des principaux services du corps expéditionnaire (1).

Cette commission, rattachée à l'état-major de l'armée, fonctionna, à titre consultatif, sous la direction du général chef d'état-major général, depuis le commencement du mois de décembre 1894 jusqu'au 25 mars 1895, date de la constitution des services généraux du corps expéditionnaire.

---

(1) Colonel (depuis général de brigade) de Torcy, chef d'état-major.

Lieutenant-colonel (depuis colonel) de Beylié, sous-chef d'état-major.

Lieutenant-colonel (depuis colonel) Bailloud, directeur des étapes.

Colonel Palle, commandant de l'artillerie.

Lieutenant-colonel (depuis colonel) Marmier, commandant du génie.

Sous-intendant (depuis intendant militaire) Thommazou, directeur des services administratifs.

Médecin principal (depuis médecin inspecteur) Emery-Desbrousse, directeur du service de santé.

En même temps qu'il constituait la commission d'organisation, le ministre de la guerre, pressé par la nécessité de ne plus perdre un jour, engageait les pourparlers préliminaires à l'organisation des transports par terre et par eau, c'est-à-dire, d'une part, à la fourniture des voitures et, d'autre part, à la construction des bâtiments de la flottille fluviale et à celle d'un wharf de débarquement pour le port de Majunga.

Flottille fluviale. — Pour ce qui concerne la flottille, le département de la guerre, après adoption définitive des différents types proposés, sollicita le concours de l'administration de la marine pour la passation des marchés et la mise en commande des bâtiments, ce qui fut accordé et fait sans retard, sur les bases résumées dans le tableau ci-après (1).

L'administration de la guerre passait directement, d'autre part, les marchés relatifs à la construction du wharf et à la fourniture des voitures Lefebvre.

---

(1) Voir pages 16 et 17, ce tableau et la note qui l'accompagne.

— 16 —

DÉSIGNATION DES UNITÉS.	SOCIÉTÉS SOUMISSIONNAIRES.	LIEU DE CONSTRUCTION.	PORT DE LIVRAISON.	DATE DE PASSATION des marchés.	DATE DE LIVRAISON.
4 remorqueurs (type A).	Ateliers et chantiers de la Loire.	Saint-Denis.	Le Havre.	3/12	15 mars 1895.
7 remorqueurs (type B).	Forges et chantiers de la Méditerranée.	4 au Havre. 4 à la Seyne.	Le Havre. La Seyne.	5/12	
10 chalands.	Forges et chantiers de la Méditerranée.	La Seyne.	La Seyne.	14/1	
8 chalands.	Forges et chantiers de la Méditerranée.	Le Havre.	Le Havre.	14/1	
18 chalands.	Fraissinet et Cie.	Marseille.	Marseille.	29/12	
6 chalands.	Schneider et Cie.	Châlon-sur-Saône	Marseille.	29/12	
4 pontons.	Fraissinet et Cie.	Marseille.	Marseille.	29/12	
6 canots à vapeur.	Verne fils et Cie.	Nantes.	St-Nazaire	12/12	

Wharf de Majunga. — L'utilité de la construction d'un wharf à Majunga ressortait des renseignements recueillis, qui signalaient cette rade comme dénuée de tous moyens de débarquement.

D'autre part, le principe de son établissement étant admis, il paraissait très désirable qu'il fût promptement mis en place, de façon à accélérer la rapidité du mon-

---

Il convient de signaler ici, semble-t-il, la féconde activité déployée par nos deux grandes sociétés de construction : la société des Forges et Chantiers de la Méditerranée et celle des Ateliers et Chantiers de la Loire.

Les quatre remorqueurs du type A ($0^m,70$ de tirant d'eau en charge, — vitesse minimum, 8 nœuds) furent présentés en recette dans la première semaine de février 1895 ; quatre des remorqueurs du type B ($0^m,40$ de tirant d'eau en charge,—vitesse minimum, 6 nœuds), construits au Havre, furent présentés en recette à la même époque ; les quatre autres, du même type, construits à la Seyne, l'avaient été dès la fin de janvier. Enfin, les dix-huit chalands construits par la société des Forges et Chantiers de la Méditerranée furent terminés avant ceux des autres lots, bien qu'ayant été, par suite de la difficulté de trouver adjudicataire au prix unitaire de 19.500 francs, commandés quinze jours plus tard.

tage du matériel fluvial, en même temps qu'à faciliter les débarquements et embarquements ultérieurs.

Des études sommairement faites à Majunga, en vue de cette construction, résultait la certitude de pouvoir lui donner une longueur suffisante (80 mètres environ) pour qu'il atteignît les fonds de 4 mètres aux plus basses mers ; elles permettaient même d'espérer que le wharf pût être suffisamment prolongé pour que les grands bâtiments pussent y accoster.

Sur ces données, que les circonstances et la nécessité d'agir très vite ne permettaient plus de contrôler, l'administration de la guerre traita avec MM. Daydé et Pillé, constructeurs de l'appontement de Kotonou, pour l'établissement d'un wharf à Majunga, dont l'emplacement serait fixé sur place et qui devait pouvoir atteindre une longueur maximum de 160 mètres. La commande fut ponctuellement exécutée et les diverses pièces du wharf arrivaient, le 15 janvier 1895, à Toulon, d'où elles furent expédiées, partie par le *Schamrock* (25 janvier), partie par le *Notre-Dame-de-Salut* (5 février).

Voitures Lefebvre. — Quant aux voitures, dont l'adoption, proposée par la commission d'études, avait été antérieurement décidée et dont, après une conférence de la commission d'organisation tenue, en présence du ministre, le 5 décembre, le nombre avait été fixé à 5.000 (4.000 à ridelles et 1.000 à couvercle, plus 40 voitures-citernes), elles furent commandées, le 14 décembre 1894, à la maison Lefebvre, par le service de l'artillerie au ministère de la guerre, à qui incombait la mission d'en surveiller l'exécution et la livraison. La même maison eut, en outre, à fournir une partie du harnachement, qui comprenait 1.000 harnais de circonstance avec bât et 4.000 harnais sans bât. Le harnachement devait être, en totalité, livré pour le 15 mars ; un mois de plus était accordé au fournisseur pour achever la livraison des voitures. Ces engagements furent exactement tenus par les divers soumissionnaires.

Constitution du corps expéditionnaire. — Ces bases une fois établies, en ce qui concerne le matériel de transport et de débarquement, — pour lequel le temps pressait particulièrement, puisqu'il était nécessaire de tout créer, — le département de la guerre s'occupa avec activité de la constitution du personnel de l'expédition, où, pour diverses raisons inutiles à reproduire après l'exposé fait à la Chambre, sur ce sujet, par M. le général Mercier, il avait été décidé de faire une certaine place aux éléments tirés de l'armée métropolitaine. Ajoutons seulement que des précautions minutieuses furent prises, dès lors, pour éloigner des unités appelées à faire partie du corps expéditionnaire les hommes n'ayant pas au moins un an de service ou ne présentant pas toutes les garanties physiques nécessaires, et que, selon le vœu plusieurs fois exprimé par le Parlement, tous les hommes de complément de ces unités furent pris seulement (à de très rares exceptions près pour les services techniques), parmi les volontaires qui s'étaient, du reste, présentés en très grand nombre.

En définitive, et après un sérieux examen comparatif des ressources budgétaires et des divers besoins dont la satisfaction devait être prévue, le ministre de la guerre décida de donner au corps expéditionnaire la composition suivante :

Infanterie.

1 bataillon de chasseurs à pied (le 40e bataillon).

4 régiments d'infanterie, à trois bataillons, comprenant :

1re brigade : le régiment dit d'Algérie (2 bataillons de tirailleurs algériens, 1 bataillon de la légion), un régiment de ligne (le 200e).

2e brigade, un régiment d'infanterie de marine (le 13e), le régiment dit colonial (1 bataillon de tirailleurs malgaches, 1 bataillon de tirailleurs haoussas, 1 bataillon de volontaires de la Réunion).

Au total, 13 bataillons, à 800 hommes, soit 10.400 hommes d'infanterie.

Cavalerie.

1 escadron de chasseurs d'Afrique, à 150 chevaux (10e escadron du 1er régiment).

Artillerie.

1 groupe de 2 batteries de montagne de

la guerre (15ᵉ et 16ᵉ batteries du 38ᵉ régiment).

1 groupe de 3 batteries de montagne de la marine (7ᵉ, 8ᵉ et 9ᵉ batteries).

1 groupe de 2 batteries montées de la guerre (17ᵉ et 18ᵉ batteries du 38ᵉ régiment).

Génie.

4 compagnies, à 200 hommes chacune, avec leur parc.

1 parc du génie.

Train.

6 compagnies blanches, formant 1 escadron du train (le 30ᵉ).

1 compagnie sénégalaise, à l'effectif de 500 conducteurs (la 6ᵉ compagnie *bis*).

Services.

1 section de commis et ouvriers militaires d'administration (la 30ᵉ).

1 section d'infirmiers militaires (la 30ᵉ).

1 détachement de secrétaires d'état-major.

Le total du corps expéditionnaire, en y

comprenant le personnel du quartier général et celui des divers services, se trouva ainsi fixé aux chiffres ci-après, savoir :

658 officiers et assimilés.

14.773 hommes de troupe (1).

641 chevaux (de selle).

---

(1) A ces chiffres, il convient d'ajouter, pour donner un total complet, les renforts envoyés successivement à Madagascar pendant le cours de l'expédition, savoir :

Infanterie. — Par le *Douro* et le *Guadalquivir*, qui transportaient les conducteurs kabyles et pour assurer le maintien de l'ordre à bord, 130 tirailleurs algériens, qui furent versés au 3ᵉ bataillon du régiment d'Algérie, arrivé à Majunga, en février, par le *Shamrock;* par le *Vinh-Long*, 800 hommes, dont 500 pour le 200ᵉ, 150 pour le 40ᵉ bataillon et 150 pour le bataillon de la légion, qui débarquèrent à Majunga le 24 août.

Artillerie.— Par les paquebots réguliers des 3 et 12 juillet, 90 artilleurs de remplacement, demandés, le 22 juin, par le général commandant en chef pour combler les vides déjà faits par la marche sur Suberbieville, et 30 ouvriers, expédiés le 20 juin, par la *Provence*, en vue de renforcer le détachement du parc d'artillerie.

Génie. — Par la *Provence*, le 20 juin, 33 sapeurs ouvriers d'art ; par le paquebot régulier du 12 juillet, 400 hommes formés en une 5ᵉ compagnie ; enfin, par le paquebot de la Com-

6.630 mulets (de trait ou de bât).

56 pièces d'artillerie (30 de 80 m/m de montagne, 12 de 80 m/m de campagne, 4 de 120 m/m court).

5.040 voitures Lefebvre.

Armement, munitions et matériel du génie. — Des dispositions furent prises, dès ce moment, pour que l'infanterie, y compris les troupes de la marine, fût munie du

---

pagnie havraise du 23 août et par le *Cachar*, 30 sapeurs télégraphistes.

Train des équipages militaires. — Outre deux petits détachements de 15 et 8 cavaliers, embarqués, les 20 et 26 juin, sur la *Provence* et la *Concordia*, 100 hommes, dont 26 ouvriers de professions diverses, embarqués sur le paquebot régulier du 12 octobre.

30ᵉ section de commis et ouvriers militaires. — 103 hommes, expédiés successivement, les 20 et 26 juin, 12 juillet, 10 et 28 septembre, par différents paquebots.

30ᵉ section d'infirmiers. — 285 hommes, dont l'envoi s'échelonna en plusieurs détachements, du 12 au juin 3 octobre.

Gendarmerie. — 15 gendarmes de remplacement, expédiés le 12 juillet.

Troupes de la marine. — Par le paquebot régulier du 3 septembre, 306 hommes pour le 13ᵉ régiment et, par celui du 12 septembre, 150 hommes pour le bataillon de volontaires de

fusil d'infanterie modèle 1886-1893 (avec 400 cartouchss par arme) et pour que la cavalerie, l'artillerie et le train reçussent la carabine ou le mousqueton modèle 1892; 5.000 carabines de cavalerie modèle 1874 (avec 100 cartouches par arme) furent, en outre, prévus pour l'armement des conducteurs.

L'artillerie dut, de son côté, partir avec 350 coups par pièce, sans compter une réserve spéciale de 500 obus à la mélinite.

Le génie, outre un certain matériel de pontage, fut doté : d'un matériel considérable de télégraphie électrique et optique (750 kilomètres de ligne électrique, avec 20 postes; 24 postes téléphoniques et 31 appareils optiques, dont 28 de 0^m,30 et 3

---

la Réunion; plus, par le même paquebot, 102 artilleurs de la marine; enfin, 500 Haoussas pour le régiment colonial.

Flottille. — Par le *Vinh-Long*, le 1er août, 154 officiers mariniers et marins et 76 autres, par les paquebots réguliers des 3 et 12 octobre.

Ces renforts s'élèvent, au total, à 3.228 hommes, ce qui porte à 18.340 le nombre des hommes de troupe, français et indigènes, qui sont passés par les rangs du corps expéditionnaire, sans compter, bien entendu, les garnisons permanentes de Tamatave et de Diégo-Suarez.

de 0^m,10) ; d'un petit parc d'aérostation (3 ballons, avec 5 gonflements d'hydrogène comprimé) ; enfin, d'un matériel de baraquements, d'abris démontables, de pilotis, de canalisation, etc., suffisant pour couvrir et aménager une surface totale de plus de 19.000 mètres carrés.

En même temps, l'administration de la guerre, consciente des difficultés particulières qu'offrirait au corps expéditionnaire un pays dénué de ressources et notoirement malsain, s'efforçait d'y parer en constituant, avec des précautions et une largeur jusqu'alors sans exemple, le matériel des services administratifs et celui du service de santé.

Matériel des services administratifs. — Le matériel des subsistances fut réglé sur les bases suivantes :

12 fours de 180 rations pour station;
6 fours de 200 rations pour station;
6 fours de 300 rations pour station;
36 fours démontables à augets, de 380 rations chacun ; plus des tentes-baraques, outils et accessoires divers, dont 2.750 barils de 100 litres et 1.000 tonnelets.

La ration journalière des troupes fut

fixée à la ration forte de campagne, soit, (avec certaines substitutions pour les tirailleurs algériens et les troupes noires), 750 grammes de pain ou 600 grammes de pain de guerre, 500 grammes de viande fraîche ou 250 grammes de viande de conserve, 100 grammes de légumes secs ou de riz et les petits vivres, augmentés de 40 centilitres de vin, 4 centilitres de tafia et 4 grammes de thé.

Le service de l'habillement et du campement, qui avait à tenir compte, à la fois, des exigences d'un climat tropical pour les parties basses de l'île et de l'abaissement de température qui suivrait l'ascension des hauts plateaux, ne fut pas organisé avec un soin moins attentif. Tandis qu'une série de notes ministérielles, insérées au *Journal officiel*, réglait la tenue coloniale des officiers et les moyens mis à leur disposition pour le transport des bagages, des tentes, du matériel de table, etc., l'habillement et l'équipement de la troupe faisaient l'objet d'études pratiques ayant pour objet de la doter, tout en évitant de surcharger les hommes, de tout ce que l'expérience indiquait devoir leur être nécessaire. On prévoyait, en outre, la création, à la base maritime, d'un magasin de réserve comprenant 1.500 collections d'effets et qu'augmentèrent considérablement, disons-le sans plus attendre, de nombreux envois ultérieurs, dont celui de 7.000 bourgerons de laine et de 4.000 pantalons de drap, à destination des conducteurs auxiliaires. Enfin, on prévoyait l'envoi de 80 grandes tentes de divers modèles et d'un certain nombre de tentes coniques à 16 hommes, dont le chiffre, fixé d'abord à 500, fut bientôt porté à 1.200.

Matériel du service de santé. — De son côté, la direction du service de santé organisait fortement (en outre du personnel et du matériel affectés normalement à chaque corps et qui furent dès lors à peu près doublés), les différentes formations sanitaires, savoir :

2 ambulances actives, n° 3, du type d'Algérie modifié ;

4 hôpitaux de campagne, à 250 lits chacun ;

1 hôpital d'évacuation, pour 500 malades, avec étuve à désinfection ;

1 sanatorium pour 500 malades, avec étuve à désinfection ;

Plus, 16 infirmeries ambulances du type du Tonkin.

En outre, après entente avec le département de la marine, un grand transport (d'abord le *Shamrock* et, plus tard, le *Vinh-Long*) devait stationner en rade de Majunga, pour y servir comme bâtiment hôpital d'une contenance d'environ 350 lits.

De larges prélèvements faits sur le personnel des services de santé de la guerre et de la marine permirent, dès le début, de doter le corps expéditionnaire de :

70 médecins (dont 50 de la guerre et 20 de la marine);

8 pharmaciens;

22 officiers d'administration (1), plus 9

---

(1) Il convient de signaler, ici, que le personnel médical, dont le dévouement a été au-dessus tout éloge, a subi, au cours de la campagne, ou pendant et depuis le rapatriement, des pertes cruelles : 4 médecins, dont 2 de la marine, 2 officiers d'administration des hôpitaux et 2 aumôniers catholiques sont décédés ; beaucoup ont dû être rapatriés pour cause de santé et plusieurs sont encore actuellement hospitalisés. Ces pertes ont entraîné l'envoi complémentaire, à Madagascar, pendant l'expédition, de 27 médecins, 8 officiers d'administration et plusieurs aumôniers (particulière-

aumôniers (8 catholiques, 1 protestant), et 14 sœurs hospitalières de la mission de Madagascar (ordre de Saint-Joseph de Cluny), ce qui permit, outre 26 médecins répartis, par 2, dans chacun des 13 bataillons d'infanterie, de doter chacune des formations de :

5 médecins par ambulance active ;
5 médecins par hôpital de campagne ;
5 médecins à l'hôpital d'évacuation ;
6 médecins au sanatorium.

Quant au matériel du service de santé, il fut constitué sur les bases suivantes :

3 appareils pour la stérilisation de l'eau (un pour 20.000 litres et les deux autres, chacun, pour 10.000 litres) ;

5.600 brancards ;

500 couchettes d'hôpital, avec literie complète et moustiquaire ;

2.500 supports-brancards, avec moustiquaire (système Strauss), literie complète et moustiquaire ;

20.000 paquets de pansement individuel

---

ment affectés au service des rapatriements), plus, 285 infirmiers, c'est-à-dire, pour ce qui concerne ces derniers, un chiffre presque égal à celui du premier départ.

et un très large approvisionnement de médicaments (1);

Plus, comme abris-mobiles :

10 tentes Tollet ;

27 tentes tortoises modifiées ;

37 tentes coniques ;

et 62 baraques démontables, du modèle Wehrlin-Espitalier.

L'ensemble permettait d'hospitaliser simultanément, non compris les hommes en traitement dans les infirmeries-ambulances, environ 2.500 malades, soit un

---

(1) Pour ne parler que d'un des médicaments, peut-être, à la vérité, le plus essentiel, le chlorhydrate de quinine, on peut noter que le corps expéditionnaire en emporta, au départ, près de 500 kilogrammes (dont 162 kilogrammes dans les cantines médicales des corps de troupe) et qu'il en fut envoyé le double, au cours de la campagne. Le général commandant en chef emportait, en outre, avec lui, 800.000 pilules (80 kilogrammes) de chlorhydrate de quinine, que la direction du service de santé lui remit à son départ et qui aidèrent à pourvoir aux premiers besoins. Il fut également fourni au corps expéditionnaire 1.080 kilogrammes d'alcoolé d'extrait de quinquina et 1.300 kilogrammes de poudre de quinquina.

sixième de l'effectif du corps expéditionnaire (1).

---

(1) Le service de santé du corps expéditionnaire trouva encore de précieuses ressources dans les envois que prodiguèrent, avec une rare libéralité, les sociétés patriotiques de secours françaises, de la Croix-Rouge, des Dames de France et des Femmes françaises.

Une instruction ministérielle du 17 avril 1895, promulguée après le départ de France de l'état-major du corps expéditionnaire, ne permit pas au général commandant en chef de faire procéder directement, comme il l'avait d'abord prescrit, à la réception et à la distribution des dons nationaux, dont, aux termes de l'instruction précitée, la répartition et l'emploi rentraient dans les attributions du service de santé. Il prit, néanmoins, les mesures complémentaires nécessaires pour que ces opérations fussent étroitement contrôlées, d'abord, par un officier de son état-major, puis, par un officier du service des étapes ; exigea, aussi longtemps qu'il stationna sur la ligne d'étapes jusqu'à Andriba, que les états de de répartition de ces dons fussent soumis à son approbation et prescrivit, enfin, que chaque distribution faite aux corps de troupes ou aux formations sanitaires fût toujours l'objet d'une notification préalable indiquant aux bénéficiaires de ces dons quelle en était exactement l'origine.

Le général commandant en chef reçut également-

Cet exposé permet d'ajouter que, si l'administration militaire, en admettant, d'après les renseignements fournis par les

---

ment, à plusieurs reprises, tant de ces mêmes sociétés que de particuliers, plus ou moins associés entre eux pour cette bonne œuvre, des sommes de quelque importance, dont il assura personnellement la répartition et qui servirent, notamment après l'occupation de Tananarive, à doter les corps et services de certaines améliorations non réglementaires, qui contribuèrent sensiblement à augmenter le bien-être des hommes.

Durant la dernière partie de la campagne, le colonel directeur des étapes à Majunga, agissant en conformité des intentions et des ordres du général commandant en chef, contrôla de même la réception et l'emploi des dons des sociétés de secours. Les postes de l'arrière, à qui, à cause de la difficulté des transports jusqu'à Tananarive, ces dons furent presque entièrement réservés, n'étaient guère, alors, qu'un vaste hôpital; il était donc aussi opportun que naturel de les en faire surtout bénéficier. Ceux qui, cependant, arrivèrent à Majunga après l'évacuation furent, par ordre spécial du général en chef, dirigés sur Tamatave pour être, de là, montés successivement en Emyrne.

En résumé, on peut dire que, si quelques pertes, inévitables en raison des fréquents transbordements, purent encore se produire, malgré la rigueur du contrôle exercé, parmi les voyageurs, que l'accession sur les hauts plateaux améliorerait considérablement l'état sanitaire et en comptant, par suite, pour tout l'ensemble de la campagne, sur une morbidité probable de 40 à 50 p. 100 de l'effectif, s'est trouvée encore au-dessous de la réalité, elle n'avait pas moins apporté à la préparation médicale un soin minutieux et doté, dans des proportions de largesse sans précédents dans nos guerres coloniales, le corps expéditionnaire de Madagascar (1).

---

envois des sociétés françaises de secours, l'immense majorité de ces dons parvinrent exactement à destination et apportèrent aux blessés et malades du corps expéditionnaire un soulagement et un adoucissement dont tous doivent conserver le plus reconnaissant souvenir.

(1) Il n'est pas superflu de faire remarquer, au surplus, que, si le corps médical s'est vu parfois débordé, pendant la campagne, par les malades atteints d'affections telluriques, endémiques à Madagascar, il a du moins réussi à arrêter et à éteindre toutes les affections épidémiques. Il est digne de remarque, en effet, que, dans cette agglomération de 15.000 soldats et de 7.000 auxiliaires, appartenant aux races les plus diverses et assujettis à de pénibles travaux, sous un climat plus insalubre que per-

Personnel marin et division navale. — Concurremment avec le département de la guerre et sur la demande de celui-ci, le département de la marine s'occupait, de son côté, de la constitution du personnel spécial, dont le concours devait être nécessaire au corps expéditionnaire, sans parler de la division navale permanente de l'océan Indien, qui, renforcée en proportion des besoins prévus (1), devait, pendant la période des opérations, passer sous la direction militaire du général commandant en chef. L'administration de la marine, qui avait déjà détaché, le 17 novembre 1894, un sous-ingénieur de la marine (M. Revol) auprès de M. le ministre de la

---

sonne ne l'avait supposé, il n'a, pour ainsi dire, pas été constaté un seul cas de typhus, de variole ou de choléra et que, nulle part, il ne s'est créé de foyer de fièvre typhoïde.

(1) La division navale renforcée avait, au printemps de 1895, la composition indiquée dans le tableau ci-après :

Le paquebot *Notre-Dame-de-Salut*, affrété au mois de janvier, était, en outre, rattaché, à titre de transport auxiliaire, à la division navale, dont il fit partie jusqu'au mois de juillet 1895.

NAVIRES.	NATURE DES BATIMENTS.	NOM ET GRADE DES COMMANDANTS.	EFFECTIFS OFFICIERS.	ÉQUIPAGES.
Primauguet........	Croiseur de 2e classe.	Capitaine de vaisseau Bienaimé (1)...	16	255
Dupetit-Thouars...	Croiseur de 3e classe.	Capitaine de frégate Campion......	9	202
Dumont-d'Urville.	Aviso de 1re classe.	Capitaine de frégate Noirot.......	7	109
Papin	Aviso de 1re classe.	Capitaine de frégate Havard.......	7	109
Rance	Aviso-transport	Capitaine de frégate Legrand......	8	110
Romanche	Aviso-transport	Capitaine de frégate Salaun-Penquer......		
		Lieutenant de vaisseau Serpette...	8	111
Gabès.............	Canonnière........	Lieutenant de vaisseau Jaubert....	5	71
Météore...........	Canonnière........	Lieutenant de vaisseau de Gantés..	5	71
Lynx.............	Canonnière........	Lieutenant de vaisseau Chapelle...	2	48
Corrèze...........	Ponton............	Capitaine de frégate Lieutard.....	12	285
Shamrock (2).....	Transport-hôpital..			
			79	1.369

(1) Commandant de la division navale, promu contre-amiral le 6 juin 1895.
(2) Rentré en France en septembre 1895 et remplacé par le transport de 1re classe *Vinh-Long*, puis par l'*Annamite*.

guerre, prépara la mise en route successive : d'abord, du personnel ouvrier des constructions navales qui devait procéder au montage des bâtiments de la flottille fluviale ; puis, du personnel de la direction du port de Majunga ; enfin, des étatsmajors et des équipages des divers bâtiments de la flottille fluviale (1).

Restaient à régler deux questions déli-

---

(1) Ces envois comprirent : 1 officier du grade d'enseigne et 51 agents du personnel ouvrier de Cherbourg (dont 6 étaient déjà détachés, à titre de surveillants des travaux, au Havre, à Saint-Denis et à la Seyne), mis en route le 23 janvier 1895 ; 1 capitaine de vaisseau, directeur du port de Majunga et commandant de la flottille fluviale, désigné le 12 février et embarqué le 12 mars 1895 ; 3 lieutenants de vaisseau, 9 enseignes, 316 officiers mariniers et marins européens affectés à la flottille, qui devaient être augmentés sur place de 120 matelots noirs et furent embarqués le 12 mars ; enfin, tant pour le service de la direction du port de Majunga que pour celui des postes à créer sur la ligne fluviale ou à Nossi-Comba, 3 officiers de vaisseau, 1 aide-commissaire et un détachement de 29 marins européens, qui fut porté à l'effectif de 43 hommes par l'envoi, le 27 mai, de 14 marins affectés à l'atelier de réparation de la flottille.

cates et dont personne ne se dissimulait la difficulté : celle de la remonte et celle du recrutement des coolies ou conducteurs auxiliaires, nécessaires au corps expéditionnaire. L'administration de la guerre les aborda sans retard, soucieuse qu'elle était, en ce qui concerne la remonte, de tenir scrupuleusement l'engagement pris vis-à-vis du Parlement de ne faire de prélèvement sur les unités mobilisables de l'armée métropolitaine que sous la condition de remplacements immédiats et se rendant compte, pour ce qui est des coolies, de l'urgence d'assurer, en nombre suffisant et en temps utile, leurs services au corps expéditionnaire.

Remonte. — Après quelques hésitations, motivées par les résultats, assez médiocres en matière de remonte, obtenus au Tonkin, et par les appréhensions que manifestaient certains publicistes coloniaux au sujet des difficultés que le climat offrirait pour l'acclimatement des animaux européens à Madagascar, le ministre de la guerre décida de faire presque exclusivement appel aux ressources de l'élevage national, en concédant seulement l'achat d'une faible proportion d'animaux exotiques, que certains représentaient comme seuls capables de rendre d'utiles services au corps expéditionnaire.

Les achats, entrepris, dès le mois de février 1895, dans les principaux dépôts de remonte de France et d'Algérie, devaient comprendre, d'une part :

640 chevaux d'Algérie ;
D'autre part, 2,134 mulets français ;
Et 3.496 mulets algériens.

Soit un total de 5.640 mulets de France ou d'Algérie, auxquels devaient s'ajouter 1.000 mulets abyssins, achetés dans notre colonie d'Obock. Ces derniers achats n'ayant fourni, dans les délais de livraison prévus, que 430 mulets exotiques, le département de la guerre combla le déficit en expédiant, dans le courant du mois de juin, 800 mulets d'Algérie et 40 chevaux, — 230 de ces mulets, à titre de remplacement d'animaux morts en cours de traversée (1).

Conducteurs auxiliaires. — La question du recrutement des coolies soulevait plus

---

(1) Du fait de ces différents achats, le prix moyen des mulets livrés au corps expéditionnaire a été de 406 francs.

de difficultés encore, en raison du peuplement assez borné de nos possessions d'Afrique et des dispositions restrictives récemment établies par les principales puissances coloniales européennes en vue de retenir les éléments de la main-d'œuvre locale, qui se fait rare presque partout, et de mettre obstacle à l'exportation des travailleurs noirs.

Il avait été reconnu, après examen, que les colonies françaises de la côte occidentale d'Afrique, qui venaient de pourvoir au recrutement de plusieurs fortes unités indigènes d'infanterie et du train (1), ne

---

(1) Il convient de rappeler que l'une de ces unités, dite compagnie sénégalaise ou 6ᵉ compagnie *bis* du train, fut affectée au corps expéditionnaire. Cette compagnie, à l'effectif de 500 noirs, Sénégalais et Soudanais, encadrée par quelques officiers et gradés d'artillerie de la marine et dont les cadres durent être renforcés, au cours de la campagne, d'officiers et gradés d'artillerie, de cavalerie et du train des équipages, fut, au début de la campagne, le seul élément mobile du train dont disposa l'avant-garde, ne cessa de rendre, ensuite et pendant la colonne légère, les meilleurs services et constitue encore actuellement un des organes les plus solides et les plus sûrs de la brigade d'occupation.

pouvaient momentanément fournir d'auxiliaires au corps expéditionnaire ; restaient donc seulement Madagascar même, Obock, les Comores, l'Algérie et, comme dernière ressource, notre colonie d'Indo-Chine, à qui il fut simultanément fait appel.

Cet appel fut peu entendu à Madagascar, où certains chefs sakalaves de la côte nord-ouest, qui avaient promis le concours de plusieurs milliers de leurs nationaux, ne purent ou ne voulurent en fournir que 400 à peine.

Les résultats furent meilleurs dans nos possessions d'Obock et de l'Océan Indien, où différentes missions, successivement envoyées de janvier à juin 1895, réussirent, en fin de compte, avec l'utile concours des autorités locales, à recruter un peu plus de 1.400 auxiliaires, dont 1.143 Abyssins et Somalis, expédiés en trois convois, et environ 270 Comoriens, également débarqués, en trois fois, à Majunga.

L'Indo-Chine, d'autre part, offrait, en raison des habitudes sédentaires de la population locale, d'assez pauvres ressources. L'administration locale avait, cependant, cru pouvoir promettre de fournir

2,000 coolies, qui devaient s'embarquer pour Madagascar aux premiers jours de mai, mais dont une brusque irruption du choléra, en Cochinchine, obligea, le 11 avril, à contremander l'envoi.

Restait donc seulement l'Algérie, qui n'avait jamais été mise encore à contribution dans dans des conditions analogues et où, d'après les évaluations les plus favorables, on ne croyait guère pouvoir trouver plus de 1.500 à 1.800 volontaires. Un officier expérimenté, parlant la langue et rompu aux relations avec les indigènes (1), y fut envoyé, le 31 décembre 1894, avec l'ordre d'entreprendre, dans les différents districts kabyles, les opérations de ce recrutement spécial. Grâce au concours aussi actif que dévoué des autorités civiles et militaires, la mission confiée à cet officier réussit au delà de toute espérance et, dès le commencement de mars, il pouvait annoncer que le nombre des engagés, presque tous Kabyles, s'élevait à environ 3.500.

Lorsque l'échec de la tentative faite en

---

(1) Le capitaine Lamy, du 1ᵉʳ régiment de tirailleurs.

Indo-Chine rendit nécessaire un nouvel appel à nos possessions algériennes, pour remplacer les 2.000 coolies manquants, elles purent encore faire face à ce nouveau besoin et réussirent à fournir, au total, un effectif de 5.500 volontaires. On doit, toutefois reconnaître que les éléments introduits par ce second recrutement et trouvés, en général, parmi la population flottante des villes du littoral, furent moins rustiques, moins énergiques et moins sûrs que les premiers ; ce sont ceux qui, aux prises avec les difficultés et les misères de la campagne, fournirent la grande majorité des malades, des éclopés et des déserteurs (1).

Quoi qu'il en soit, grâce à l'Algérie, et à l'Algérie presque seule, le corps expéditionnaire put être doté d'un effectif total d'environ 7.300 conducteurs auxiliaires,

---

(1) Le rapatriement des coolies invalides et convalescents a commencé, dès le 29 juin. Le chiffre des conducteurs auxiliaires des diverses catégories renvoyés, ainsi, dans leurs foyers, avant le rapatriement général commencé à la fin de novembre, s'est élevé à environ 1.200.

chiffre encore insuffisant, mais qui représentait, dans les circonstances où se préparait l'expédition, à peu près le maximum de l'effort possible, effort sans lequel on pourrait presque dire que l'expédition fût devenue impossible, pour l'époque et dans les délais prévus.

IV. — DISPOSITIONS RELATIVES A L'EMBARQUEMENT ET AU DÉBARQUEMENT DU PERSONNEL ET DU MATÉRIEL.

Avant d'aborder l'examen des dispositions prises en vue d'assurer l'embarquement et le débarquement du personnel et du matériel du corps expéditionnaire, il convient d'indiquer sommairement les conditions dans lesquelles devaient s'effectuer ces diverses opérations.

Majunga, ainsi qu'il a déjà été dit, avait été choisi comme base maritime d'opérations. Ce port, ou, pour mieux dire, cette rade foraine, sise à l'entrée de la vaste baie de Bombetoke, sur la rive droite de cette baie, était normalement reliée à la métropole par un service bimensuel, qu'assurait la compagnie des Messageries maritimes, par deux lignes de paquebots desservant, l'une, les échelles de la côte orientale d'Afrique, l'autre, la Réunion, Maurice et Mahé des Seychelles, où elle se reliait par transbordement à la ligne d'Australie. Un troisième service mensuel fut créé, par une entente conclue entre le département de la marine et la Compagnie havraise péninsulaire ; ce paquebot régulier, partant du Havre, devait relier directement Marseille à Majunga et à Saint-Denis (Réunion).

L'administration de la marine, à qui un crédit de 21.500.000 francs, sur le crédit total de 65 millions, avait été réservé par la loi du 7 décembre 1894, à charge d'assurer les transports maritimes du corps expéditionnaire, en même temps que de pourvoir à l'organisation du commandement de Majunga et à l'occupation de Tamatave, se préoccupa, tout d'abord, d'utiliser, dans la plus large mesure, les trois lignes de paquebots susénumérées ; mais le transport du corps expéditionnaire exigeait, en outre, l'emploi de nombreux paquebots, qui furent successivement affrétés et dont les départs furent échelonnés selon les prévisions du programme d'action militaire.

En termes généraux, ce programme comportait l'envoi presque immédiat (départ le 25 janvier) d'une avant-garde comprenant :

Un état-major de brigade (général Metzinger);

Un bataillon de tirailleurs algériens ;

Une batterie d'artillerie de montagne ;

Une demi-compagnie du génie et divers détachements du train, d'ouvriers d'administration et d'infirmiers.

Le matériel devait suivre, par envois échelonnés, de façon à pourvoir, d'abord, aux besoins des troupes de l'avant-garde et à permettre, ensuite, l'organisation des premiers magasins de la base maritime. Toutefois, diverses circonstances tenant à ce que ce matériel, créé de toutes pièces, ne devait guère être prêt avant les mois de mars ou d'avril et à ce qu'il semblait, d'autre part, d'une sage économie d'utiliser, pour son expédition, les cales des paquebots affrétés, firent ralentir ces envois dans de telles conditions qu'en réalité la majeure partie du matériel ne quitta guère la France qu'avec les troupes du corps expéditionnaire proprement dit (1).

Celles-ci, en raison des conditions climatériques de la côte occidentale de Madagascar, devaient être hors d'état d'opérer activement avant la seconde quinzaine de mai ; leur départ fut donc réglé de façon que les embarquements eussent lieu en avril et que les arrivages se produisissent, successivement, dans le courant du mois de mai.

Sur les bases fournies par un tableau d'ensemble qu'avait établi la commission d'organisation, la commission d'affrètement du ministère de la marine affréta, en février et mars, 24 bâtiments (2) et arrêta

---

(1) Comme compensation aux inconvénients de ce retard, on doit remarquer que le matériel, débarqué seulement en mai, quand les pluies de l'hivernage avaient entièrement cessé, put, sans aucun dommage sérieux, être déposé sur la grève de la pointe de Majunga et y demeurer plusieurs semaines en attendant d'être réexpédié ou emmagasiné, ce qui eût été très onéreux et presque impossible pendant les mois pluvieux de la période précédente.

(2) Il fut bientôt reconnu que ce chiffre de-

les chartes-parties, aux termes desquelles le matériel devait être livré sous palans, par l'administration de la marine, qui était également chargée d'assurer, avec l'aide des moyens du bord, les opérations d'embarquement et de débarquement.

On adopta, d'autre part, comme règle générale, de faire en sorte que chaque paquebot pût suffire, à lui seul, aux premiers besoins des troupes qu'il transportait ; le complet devait être fait avec le matériel des services généraux, notamment avec les caisses contenant les voitures Lefebvre. Des dispositions spéciales étaient prévues pour le transport des chevaux et mulets (1).

---

vait être insuffisant et 6 nouveaux transports furent ajoutés aux premiers, ce qui porta à 30 le nombre des affrétés.

(1) La recommandation faite aux armateurs d'employer de préférence, comme litière, la tourbe de Hollande, dont les qualités désinfectantes et désodorisantes sont connues, paraît avoir produit de bons effets. En général, du reste, les résultats de ces transports d'animaux furent satisfaisants. On a, toutefois, reconnu, sur plusieurs paquebots, la nécessité de mieux aérer les écuries établies dans les faux ponts, par l'installation de ventilateurs spéciaux et

A Marseille, fonctionnèrent, d'une part, une commission de réception des affrétés et, d'autre part, une commission des embarquements, placée sous la direction du chef d'état-major du 15ᵉ corps d'armée et qui comprenait : un sous-commissaire de la marine, un ingénieur des ponts et chaussées, le capitaine de port, un officier de l'armée de terre, un sous-intendant militaire et, par la suite, le chef du service colonial. Un vétérinaire militaire fut également adjoint à la première de ces commissions, pour les embarquements d'animaux (1).

La commission des embarquements, qui devait particulièrement veiller à ce que le chargement de chacun des affrétés fût fait

---

généralement admis qu'il eût été utile d'en imposer l'établissement à tous les transports-écuries.

(1) La commission des embarquements cessa de fonctionner le 21 mai ; elle fut remplacée par une commission mixte, composée de trois membres : l'officier supérieur du service d'état-major chargé de centraliser, à Marseille, les questions relatives aux embarquements ; le chef du service de la marine et le chef du service colonial, à Marseille.

dans l'ordre d'urgence des envois (que réglait l'administration centrale de la guerre) fut empêchée de suivre exactement toutes ces indications, tant en raison de la nécessité de régler le chargement des navires de façon que leur navigabilité n'en souffrît pas, qu'à cause de retards qui se produisirent dans l'arrivée à Marseille de certains matériels, de différences constatées dans l'évaluation du cube d'une partie de ces matériels et, enfin, parce que l'encombrement des quais du port exigeait qu'on se hâtât le plus possible de les débarrasser. De là, certaines difficultés, presque inévitables, et quelque confusion, qu'on a, du reste, sensiblement exagérée.

En fait, cependant, les opérations du transport s'exécutèrent dans les conditions les plus heureuses et sans un seul accident grave. 7 affrétés arrivèrent à Majunga aux dates prévues ; 12 devancèrent ces dates de un à trois jours ; 11 seulement subirent quelques retards, dont un seul s'éleva à trente-deux jours (*Foulah*) (1).

---

(1) Les armateurs et les compagnies de navigation soumissionnaires avaient, pour la plupart, il n'est pas inopportun de le noter,

Conformément aux instructions du département de la marine, le commandant de la division navale s'était préoccupé de réunir, pour l'arrivée de l'avant-garde, quelques moyens spéciaux de débarquement. Deux petits vapeurs, le *Sigurd* et le *Boëni*, furent loués à des compagnies françaises établies à Madagascar (1) et on y adjoignit l'*Ambohimanga*, appartenant aux Hovas et séquestré par nous. On espérait utiliser ces trois bâtiments comme remorqueurs, avec des boutres et des pirogues du pays ; mais le vide avait été fait devant nous et cette ressource fut presque nulle.

Le commandant de la division navale se vit donc obligé de requérir, à Nossi-Bé et de faire amener à Majunga un ou deux

---

apporté le plus grand soin à l'aménagement et à l'approvisionnement des affrétés ; les états-majors et les équipages de ces navires se montrèrent également très soucieux du bien-être de leurs passagers, notamment lors du rapatriement des convalescents et méritent, pour l'esprit de solidarité patriotique dont ils firent preuve, un témoignage de sincère gratitude.

(1) Le *Sigurd*, à la compagnie de la graineterie française à Diégo-Suarez ; le *Boëni*, à la maison Suberbie.

chalands de mer, qui durent suffire en attendant la mise en service du matériel de la flottille fluviale, sur laquelle on comptait également, pour servir au déchargement des affrétés, en rade de Majunga.

Cependant, le travail de construction de la flottille se poursuivait en France si activement qu'on pouvait prévoir la possibilité d'en hâter l'envoi à Madagascar; la question se posait donc de la préparation imminente de ce transport, qui ne se trouvait pas prévu dans la série des transports maritimes dont il vient d'être parlé. L'administration de la marine estimait, en effet, que le chiffre global du crédit alloué pour le matériel fluvial avait été établi en prenant pour point de départ le prix de ce matériel rendu à Majunga et le département de la guerre, qui avait admis ce principe, conservait la charge de pourvoir à son expédition.

La marine de commerce française ne possédant pas et ne disposant pas immédiatement de paquebots appropriés au transport de ces énormes pièces, qui exigent, notamment, de grandes cales, entièrement dégagées et de vastes panneaux, on traita avec une maison anglaise qui avait déjà soumissionné, pour le compte de la marine, le transport au Dahomey de canonnières du même type. Cette maison engagea, à cet effet, trois paquebots spéciaux : le *Brinckburn*, le *Riverdale* et le *Collingham*.

Aux termes du contrat, le *Brinckburn*, portant 8 canonnières, 1 canot à vapeur et 18 chalands, ainsi que le personnel chargé du montage, devait charger, successivement, au Havre et à la Seyne et arriver à Majunga le 18 avril ; les deux autres paquebots, chargés du reliquat du matériel fluvial, qu'ils devaient embarquer à Saint-Nazaire et à Marseille, suivraient, à dix jours d'intervalle, de manière à ne pas amener d'encombrement dans les travaux de montage.

On sait comment ces prévisions furent modifiées (1) par l'accident arrivé au *Brinck-*

---

(1) Une première circonstance, également regrettable, mais aussi de force majeure, la gelée de la Seine et celle de la Saône, qui survinrent, en février 1895, juste au moment où les canonnières et les chalands construits aux usines de Saint-Denis et de Chalon allaient être expédiés, par eau, au port d'embarque-

burn, lequel parti de la Seyne le 26 mars, fut abordé, le 29, dans le détroit de Messine, dut aller subir à Malte d'importantes réparations, dont le bon vouloir des autorités locales activa, autant que possible, l'exécution et ne put arriver à Majunga que le 2 mai. Il y avait été précédé de quatre jours par le *Riverdale*, qui ne transportait que 24 chalands et 1.000 voitures Lefebvre; quant au *Collingham*, sur lequel étaient embarqués le reste du matériel fluvial et l'artillerie des canonnières, il arriva à Majunga le 7 mai.

Quand le *Brinckburn* mouilla sur rade de Majunga, plusieurs affrétés, chargés de troupes et de matériel, y étaient déjà arrivés. Le déchargement, aussi prompt que possible, de ces paquebots s'imposait, tant en prévision de la prochaine arrivée d'autres affrétés que parce que des *surestaries* élevées étaient allouées à ces navires, pour

---

ment, avait déjà fait perdre environ trois semaines, sans qu'il fût possible d'y remédier par l'envoi en chemin de fer, les pièces de ces bâtiments étant de dimensions supérieures au gabarit des tunnels des lignes de l'Ouest et du Paris-Lyon-Méditerranée.

chaque journée de retard. Le manque presque absolu de main-d'œuvre indigène et l'insuffisance du matériel maritime de débarquement se firent, alors, cruellement sentir et provoquèrent, malgré les efforts du personnel marin de la flottille, un regrettable encombrement de la rade et de la plage même de débarquement.

Celle-ci ne comprenait qu'une pointe de sable étroite, longue de 300 mètres à peine, qui ferme, au nord, le port de Majunga et sur laquelle vinrent bientôt s'accumuler des colis de toute nature, dont la reconnaissance, le classement et l'enlèvement offraient les plus grandes difficultés. La construction rapide, sur cette pointe, de vastes baraques démontables, affectées aux services administratifs, et l'installation d'une double voie Decauville, reliée au wharf et qui, poussée d'abord jusqu'aux baraquements de l'artillerie et du génie, fut ensuite prolongée jusqu'aux établissements du service de santé, situés sur la colline du Rova, aidèrent considérablement à dégager la plage, qui resta, cependant, longtemps encore, envahie par le matériel.

Durant ce temps, on procédait activement au montage du matériel fluvial, dont le travail, grâce à l'établissement d'appareils d'éclairage électrique, se poursuivait, même la nuit. Néanmoins, ce matériel qui devait, pour la plus grande partie, être prêt le 20 mai, ne put être mis en service que successivement, bâtiment par bâtiment et ne fut en réalité complètement prêt que cinq semaines après la date prévue (1).

Cette circonstance s'ajoutant aux difficultés de la navigation dans la baie de Bombetoke, où règne, selon les marées, un courant violent, montant ou descendant, et où les vents d'entre nord et ouest soulèvent fréquemment un clapotis très dan-

---

(1) La première canonnière-remorqueur put quitter Majunga pour se rendre en rivière, avec deux chalands, le 28 mai ; la seconde suivit le 1ᵉʳ juin, emportant le général commandant en chef ; la troisième, avec les principaux chefs de service du corps expéditionnaire, fut dirigée, le 6 juin, sur Marololo avec deux autres chalands ; et ainsi de suite, pour les autres remorqueurs et les chalands, à trois ou quatre jours d'intervalle pour chacun de ces bâtiments.

gereux (3), explique les retards subis par les affrétés dans leur déchargement et les charges supplémentaires que ces retards imposèrent, sous forme de *surestaries*, à l'administration de la marine.

Il n'est pas hors de propos d'ajouter, ici, que la décision prise par le général commandant en chef, le jour même de son débarquement à Majunga, de déléguer au commandant de la division navale la direction générale de toutes les opérations maritimes faites sur rade de Majunga, y compris le montage de la flottille, ne tarda pas à améliorer la situation. Grâce à cette concentration, sous une seule autorité, de tous les moyens maritimes et de toutes les bonnes volontés, grâce aussi à l'action aussi intelligente qu'énergique du commandant Bienaimé, les mouvements et opérations sur rade se régularisèrent bientôt et se poursuivirent, dès lors, avec assez de succès pour qu'il fût possible, dès le 26

---

(3) Un chaland fut coulé pendant le montage ; trois ou quatre autres eurent le même sort, par suite de l'état de la mer, pendant les opérations en rade, mais sans entraîner de mort d'homme.

juin, de rendre à cet officier supérieur (devenu entre temps contre-amiral) la liberté personnelle d'action dont il avait besoin pour assurer efficacement la surveillance du littoral et la défense de nos établissements extérieurs.

C'est, en effet, au commandant de la division navale qu'incombait, en dehors de la base et de la zone des opérations du corps expéditionnaire, la responsabilité du commandement militaire sur les côtes de l'île, ce qui explique l'intervention directe de cet officier général dans les opérations autour de Diégo-Suarez et autour de Tamatave, dont l'exposé sommaire suivra.

Disons également, pour n'avoir pas à y revenir, que, malgré les regrettables retards survenus dans le transport et le montage de la flottille, celle-ci apporta au corps expéditionnaire le concours le plus précieux, et que les commandants des canonnières, ainsi que le personnel sous leurs ordres, déployèrent, dans la tâche éminemment laborieuse et ingrate des transports fluviaux, un dévouement et un zèle qui ne se démentirent pas un jour, depuis la mise en service de ces petits bâtiments jusqu'à l'époque des rapatriements, c'est-à-dire jusqu'au mois de décembre 1895.

Durant toute cette période, sous un ciel torride et un climat meurtrier, les bâtiments de la flottille ne quittèrent pas le fleuve, le remontant et le descendant incessamment, en remorquant de lourds chalands, dans des conditions de navigabilité que rendit, chaque jour, plus difficile la baisse constante des eaux jusqu'au mois de novembre et sans jamais dépasser, à la descente, le port d'Amkaboka, sur la Betsiboka, point initial de la navigation fluviale (1). Leur rendement, supérieur à

---

(1) Les difficultés et les dangers, pour les remorqueurs et pour les chalands de la flottille, de la navigation dans la baie de Bombetoke obligèrent, en effet, le général commandant en chef à leur adjoindre (en outre du *Sigurd*, du *Boëni* et de l'*Ambohimanga*), 3 caboteurs à vapeur de 150 tonneaux, qui assurèrent exclusivement les transports entre Majunga et Ankapoka. Ces caboteurs, nommés le *Kilwa*, le *Barawa* et la *Gertie*, furent affrétés directement, par les soins de nos consuls, les deux premiers à Zanzibar, le troisième à Natal et rendirent, durant toute la période des transports intensifs, les plus utiles services. Ces trois caboteurs de mer, dont le tirant d'eau en charge

celui des convois, que la flottille avait mission d'alimenter, dépassa, pendant quelques semaines, 100 tonnes par jour, sans compter les détachements et les isolés, également transportés par voie fluviale jusqu'à Marololo.

V. — THÉATRE DE LA GUERRE. — PLAN D'OPÉRATIONS

D'après les dispositions préalablement arrêtées par le gouvernement (et qui ne pouvaient ne pas l'être par avance, puisque, du choix de la base et de la ligne d'opérations, devait dépendre la création de tout un matériel spécial de navigation), d'après ces dispositions, disons-nous, le théâtre principal de la guerre devait comprendre une zone s'étendant, à partir de la baie de Bombetoke, le long du cours de la

---

ne dépassait pas 4 mètres, purent toujours, quels que fussent les marées et l'état de la mer, accoster le wharf de Majunga, ce qui facilita singulièrement les opérations de chargement et celles, toujours pénibles et difficiles, du déchargement des malades renvoyés à l'arrière.

Betsiboka, jusqu'au confluent de cette rivière avec l'Ikopa. Cette zone se prolongerait ensuite jusqu'au plateau d'Emyrne, à travers le secteur compris entre les vallées supérieures des deux rivières précitées.

Dans la partie côtière de la zone d'opérations, la Betsiboka, navigable pour des bâtiments d'un faible tirant d'eau, devait pouvoir, comme l'avait indiqué la commission d'études, être utilisée, sur une longueur d'environ 200 kilomètres, pour assurer le transport du matériel et même, éventuellement, d'une partie des troupes.

Dans la partie supérieure, à partir du confluent de la Betsiboka et de l'Ikopa jusqu'à Tananarive, soit sur un parcours d'environ 300 kilomètres, il ne serait plus possible de compter que sur l'emploi de la route de terre, qui aurait à s'élever de Marololo (20 mètres d'altitude au-dessus du niveau de la mer), à la capitale (1,458 mètres, au point culminant).

Les renseignements recueillis faisaient, à la vérité, ressortir cette différence considérable de niveau entre le confluent des deux rivières et Tananarive (1), mais n'indiquaient pas que le pays traversé fût très difficile et donnaient à penser, au contraire, que des efforts de travail modéré suffiraient à y pratiquer une piste de 2 à 3

---

(1) Lorsque la commission d'organisation de l'expédition de Madagascar se réunit à Paris, en décembre 1894, les documents géographiques sérieux concernant l'île et déjà publiés, se réduisaient à fort peu de chose et ne comprenaient guère que la carte d'ensemble, au 1/1.000.000º, du P. Roblet, celle, à la même échelle, de Laillet et Suberbie, les esquisses de la région de l'Emyrne (1/200.000º) et du pays des Betsiléos (1/300.000º) de M. Grandidier et du P. Roblet, plus quelques itinéraires sommaires, dont les plus intéressants, pour le corps expéditionnaire, étaient ceux de Majunga à Tananarive, dus à M. d'Anthoüard et à M. le lieutenant-colonel de Beylié, de l'infanterie de marine.

Il existait, néanmoins, d'autres documents inédits, notamment les levés topographiques, au 1/200.000, exécutés en Emyrne par le P. Roblet ; M. Grandidier s'occupait, à ce moment, de faire exécuter, d'après ces travaux, deux cartes de l'Emyrne, l'une au 1/200.000º et l'autre au 1.100.000º, qui devaient être éditées par la maison Hachette.

Au mois d'octobre 1894, était revenu de Majunga M. le lieutenant d'infanterie de marine

mètres de largeur, praticable aux voitures. C'est sur cette donnée que l'adoption des voitures Lefebvre avait été décidée. On savait également et, sur ce point, les renseignements se trouvèrent exacts, que, bien

---

Aubé, qui avait été chargé de faire secrètement la reconnaissance de la route de Majunga à Tananarive, par Subierbieville et Andriba. Cet officier, doué de dons topographiques remarquables, avait revisé et complété, jusqu'à Maharidaza, les précédents itinéraires. Ce travail, dessiné et reproduit au servicce géographique de l'armée, fut distribué, avec une notice étendue qui l'accompagnait, à tous les officiers du corps expéditionnaire et servit de carte directrice à l'expédition jusqu'en Emyrne.

Au delà de Maharidaza, chaque officier eut à sa disposition l'excellente carte d'Emyrne du P. Roblet, au 1/200.000ᵉ, dont il a été question plus haut, que M. Grandidier avait fait tirer à ses frais et dont il avait fait don au corps expéditionnaire. Enfin, le service géographique de l'armée, mettant à profit tous les documents qu'il put recueillir, put faire encore distribuer aux officiers, avant leur départ, neuf cartes différentes, donnant, soit les principaux itinéraires connus, soit le plan des centres importants, comme Majunga, Fianarantsoa et Tananarive. Ce dernier plan, levé par le capitaine Martinie et complété par une carte à grande

que le pays compris entre Marololo et Tananarive fût presque entièrement déboisé, le corps expéditionnaire devait y trouver en quantités suffisantes, à défaut d'autres ressources, le bois et l'eau nécessaires à

échelle des environs de Tananarive, du P. Roblet, rendit de très utiles services au corps expéditionnaire lors des combats des 29 et 30 septembre et de l'occupation de la capitale.

L'état-major du corps expéditionnaire comportait d'autre part, un bureau du service géographique, composé de deux officiers (chef du service : le capitaine d'artillerie Bourgeois). Il avait été prescrit, en outre, qu'un officier par bataillon serait chargé de dresser les itinéraires parcourus par les diverses unités, sous la direction technique des deux officiers du service géographique, qui étaient plus spécialement chargés des opérations de triangulation et de la détermination astronomique des coordonnées géographiques.

Les nécessités du service et les difficultés de l'expédition ne permirent pas l'exécution complète de ce programme. Les travaux exécutés par les officiers topographes des corps de troupe, en particulier par les lieutenants Prudhomme et Simon, du régiment d'Algérie, Pelletier, de l'infanterie de marine, et de la Bigne, du 40ᵉ bataillon de chasseurs, forment néanmoins un ensemble important, qui permet de fixer dès à présent, d'une façon exacte, la tosa consommation et pourrait aussi y rencontrer quelques pâturages susceptibles d'être utilisés pour l'alimentation des animaux.

Sur ces données générales, le général commandant en chef conçut son programme d'opérations, qui reçut, avant son dé-

---

pographie de toute la région parcourue. Les travaux topographiques s'appliquent sur une triangulation exécutée en cours de route, dont la base de départ est celle mesurée, en 1892, par le service hydrographique de la marine, dans les environs immédiats de Majunga. Le réseau géodésique se rattache, en Emyrne, à la triangulation que les Pères missionnaires français ont exécutée dans la région centrale de l'île et qui part d'une base mesurée, dans les environs de Tananarive, par les PP. Roblet et Colin.

Après la prise de Tananarive et la signature de la paix, une commission envoyée à Diégo-Suarez pour délimiter la frontière sud de cette colonie et qui comprenait MM. le lieutenant-colonel de Beylié, président, et le capitaine Bourgeois, a parcouru un pays complètement inexploré, suivant le parallèle de 12° 45' de latitude sud, de la baie de Rodo (côté est) à l'embouchure de l'Ankarana (côté ouest). L'ensemble de ses travaux permet de dresser actuellement une carte très exacte de toute cette région.

part de France, l'approbation du gouvernement.

Ce programme divisait, par avance, en plusieurs périodes, la marche ultérieure des opérations.

Tout d'abord, l'avant-garde, dont la composition a été indiquée plus haut et que commandait M. le général Metzinger, aurait à assurer l'établissement de la base maritime, à Majunga et, tout en préparant l'installation de cette base, à gagner, avec l'aide des bâtiments légers de la division navale, autant de terrain en avant que le permettraient les moyens de la défense et les circonstances climatériques. Marowoay, situé à 80 kilomètres en amont, sur un petit affluent navigable de la Betsiboka, était indiqué comme le point terminus probable des opérations du général Metzinger, pendant la saison de l'hivernage.

L'arrivée à Majunga, dans la première quinzaine de mai, du général commandant en chef et du complément des troupes de la 1re brigade, dont l'effectif atteindrait alors 6.000 hommes, avec 1.200 ou 1.500 conducteurs, devrait permettre de pousser en avant, sans attendre le reste du corps expéditionnaire, qui ne serait débarqué en totalité qu'à la fin de mai, de façon qu'on pût atteindre, vers les premiers jours de juin, le confluent de la Betsiboka et de l'Ikopa et, sans doute, enlever aussitôt, par une attaque brusquée, le point militaire important de Mavetanana.

Dès lors, cependant, le général commandant en chef ne se faisait pas d'illusions sur la possibilité d'utiliser pratiquement la voie fluviale pour le transport des troupes, au moins de celles de la 1re brigade et il signalait la nécessité qui s'imposerait inévitablement à lui d'ouvrir, à partir de Majunga, une voie carrossable, par laquelle devraient nécessairement monter vers Mavetanana les 5.000 voitures des convois. En admettant même certaines difficultés imprévues et certains retards, le général commandant en chef estimait que le 1er juillet devrait être le terme extrême des opérations de cette période, au cours de laquelle s'établirait, vers le confluent des deux rivières, par voie fluviale et par voie de terre, le courant continu de transports nécessaire pour y créer une nouvelle base de ravitaillement.

A partir du confluent, ou, si l'on veut, de Mavetanana (distant de ce point de 22 kilomètres), l'emploi exclusif de la voie de terre s'imposerait à tous les éléments du corps expéditionnaire. Le général commandant en chef marquait sa résolution de les porter en avant par échelons, sur la même route, chacun des échelons devant prendre la tête à tour de rôle et agir par bonds successifs.

Il ajoutait à ce propos : « En l'état actuel du pays, la marche en avant ne peut s'opérer, avec quelque rapidité et sûreté, que par un premier élément, allégé, n'ayant qu'un train réduit, sur mulets de bât et ne devant, dès lors, être arrêté par aucun obstacle naturel. Cet échelon devra agir vite et hardiment, tout en évitant de s'attaquer à de trop gros obstacles ou de s'y obstiner ; s'il s'en rencontre, il les masquera et tentera de les déborder... Au cas où l'offensive cesserait de lui devenir possible, il (l'élément de tête) s'arrêtera, dans une position défensive, à portée de l'eau, et y attendra, en état de sécurité suffisante, les renforts que l'échelon suivant pourra toujours lui fournir en quelques marches.

Une seule obligation lui incombera : ne jamais reculer. Le danger sérieux, avec des adversaires comme les Malgaches, commence seulement au moment de la retraite. »

En admettant l'application aussi exacte que possible de ces principes, (qui firent, ultérieurement, l'objet d'une instruction spéciale distribuée aux officiers du corps expéditionnaire), le général commandant en chef considérait que la brigade d'avant-garde (4 à 7 bataillons), partant de Mavetanana, s'emploierait rapidement à ouvrir la piste carrossable et pourrait gagner, en un bond, les premiers contreforts des hauts plateaux, indiqués par les explorateurs comme la limite de la région saine. Elle y serait rejointe par le deuxième échelon, formé du convoi principal, escorté par la 2ᵉ brigade, qui prendrait, à son tour, la tête, aussitôt que le ravitaillement ultérieur serait assuré ; et ainsi, de bond en bond, les éléments mobiles du corps expéditionnaire devraient, dans un laps de temps approximatif de six semaines, — soit pour la première quinzaine d'août, — avoir atteint la limite septentrionale de l'Emyrne.

A partir de ce point, le général commandant en chef déclarait ne pas pouvoir formuler de prévisions; tout dépendrait, dès lors, ajoutait-il, des mouvements de l'ennemi, « qu'il s'attacherait, avant tout, à poursuivre, soit vers Tananarive, soit vers toute autre position qu'il aurait pu choisir, sur le front ou sur le flanc de sa ligne de marche ». Combien devait durer cette poursuite? Nul ne pouvait le préciser. On était en droit d'espérer, cependant, que quelques semaines y suffiraient et que l'occupation de vive force de Tananarive pourrait être obtenue « dans la première quinzaine de septembre ».

Partout ailleurs, sur le vaste littoral de l'île, où devait s'exercer l'action immédiate du commandant de la division navale et des garnisons de Diégo-Suarez et de Tamatave dont il disposait, le général commandant en chef entendait qu'on s'abstînt de toute action isolée, susceptible, sans pouvoir aider très utilement au résultat final, de créer au corps principal un supplément de charges. La consigne, quelque pénible qu'elle pût être pour les états-majors et les équipages de nos bâtiments, comme pour les troupes pleines d'ardeur des garnisons précitées, était donc de garder strictement la défensive : toute modification ultérieure à ce principe était réservée à la décision personnelle du général commandant en chef.

La comparaison entre ce programme et les opérations de la campagne, telles qu'elles vont être exposées, est de nature à faire ressortir, sans doute, dans les détails d'exécution, d'assez sensibles différences; elle permettra du moins de constater que la conception originelle de la marche en tiroir du corps expéditionnaire, sous la protection d'une avant-garde allégée, a été respectée jusqu'à la fin, cette avant-garde, renforcée de tous les éléments valides du corps expéditionnaire, étant devenue, pour la marche d'Andriba à Tananarive, le corps principal de bataille, scindé lui-même en plusieurs échelons. On remarquera également que, malgré les pertes de temps résultant des difficultés de construction de la route, de la lenteur de marche des convois et du douloureux état sanitaire des troupes, le résultat essentiel de l'expédition, la prise de la capitale, a pu ainsi être atteint, à quinze jours près, dans les délais antérieurement indiqués.

VI. — CONSTRUCTION DE LA ROUTE. — ORGANISATION DU SERVICE DE L'ARRIÈRE ET DES RAVITAILLEMENTS.

De l'exposé qui précède est déjà ressorti le fait que la construction de la route carrossable devait être, ce qu'elle a été, en réalité, une des difficultés principales contre lesquelles ait dû lutter le corps expéditionnaire. Ces difficultés se produisirent dès la première heure, car, à la date du 7 mars 1895, le général Metzinger signalait déjà que l'amorçage de la route de terre, à travers les plaines marécageuses qui entourent Majunga, lui semblait à peine possible sans le concours de pionniers indigènes. Ces difficultés ne devaient, malheureusement, pas se limiter à la zone littorale.

Entre Majunga et Suberbieville, la large plaine basse où la Betsiboka s'est ouvert son lit, encombré d'îlots, de bancs de sable et d'écueils, est constituée par un terrain d'alluvion couvert, dans la plupart de ses parties, d'une épaisse végétation tropicale et barrée, presque partout ailleurs, par de grands soulèvements basaltiques hauts de 100, 150 et 200 mètres, où la pioche mord très difficilement. En outre, le sentier ordinairement suivi et dont le tracé fut à peu près exactement adopté, comme étant le meilleur, coupe trois larges cours d'eau, la Marowoay (de 80 mètres à marée haute), le Kamoro (de 100 mètres) et la Betsiboka (de 400 mètres).

Les pionniers, noirs ou jaunes, réclamés, dès le mois de mars, par le général commandant l'avant-garde, n'arrivant pas et ne devant pas arriver, pour les raisons déjà indiquées, il devenait indispensable de recourir, pour cette construction, à la main-d'œuvre militaire. Les compagnies du génie s'y consacrèrent, tout d'abord à peu près seules, avec un zèle et un dévouement qu'elles payèrent bientôt d'une effrayante réduction d'effectifs; puis, quand l'arrivée successive des troupes complémentaires de la 1re brigade et de celles de la 2e le permit. on releva, en partie, les compagnies du génie, décimées et, d'ailleurs, presque entièrement absorbées par la construction des ponts et on fit appel au dévouement des bataillons, pour les aider et les suppléer.

Les retards survenus dans le montage de la flottille le rendaient, au surplus, nécessaire, tant parce qu'il fallait à tout prix utiliser la route de terre pour ravitailler les unités d'avant-garde qui opéraient déjà en avant de Marowoay et vers Marololo, que parce que la marche et un travail modérés valaient mieux encore, pour les soldats récemment débarqués, que l'inaction et l'immobilité dans la banlieue insalubre de Majunga (où l'eau du reste allait faire défaut, malgré l'installation de deux appareils distillatoires).

En fait, le génie s'est trouvé avoir à ouvrir, presque seul, la route de Majunga à Marowoay, à jeter les ponts de la Marowoay, du Kamoro et de la Betsiboka (1)

---

(1) La construction des ponts a exigé un effort considérable. Celle du pont de la Marowoay, cours d'eau bordé de larges berges vaseuses, infesté de crocodiles et dont le niveau variait de 3 à 4 mètres à chaque marée, celle aussi du pont de la Betsiboka, large fleuve torrentueux, à fond mobile, offrirent, à défaut des

et à coopérer avec les bataillons du 200e, du 13e régiment d'enfanterie de marine et du régiment colonial, pour construire la partie comprise entre Marowoay et le confluent de la Betsiboka et de l'Ikopa.

Le tronçon suivant, à partir de Marololo (confluent) jusque vers Audjiéjié, c'est-à-dire la montée de la cote 20 à la cote 500, sur une longueur d'environ 80 kilomètres, a été l'œuvre des trois bataillons (tirailleurs algériens et légion) du régiment d'Algérie et du 40e bataillon de chasseurs à pied ; la dernière partie, jusqu'à Andriba, soit environ 50 kilomètres, s'élevant de 500 à 800 mètres d'altitude, a été construite par les bataillons des 1re et 2e brigades, échelonnés, le long du chemin, de 2 en 2 kilomètres, ce qui permettait le travail simultané de toutes les unités, sans compromettre la sûreté des troupes, qui pouvaient toujours, en cas de besoin, s'ap-

---

éléments nécessaires pour installer des ponts de bateaux, des difficultés dont le service du génie ne réussit à triompher qu'à force de patience, de travail et d'ingéniosité. Ces travaux sont de nature à lui faire grand honneur.

puyer mutuellement, comme le fait s'est produit à Tsarasaotra, le 29 juin.

Cette affaire de Tsarasaotra démontra, du reste, avec la dernière évidence, la nécessité de poursuivre, sans se lasser, le travail de la route, qui n'atteignait pas, alors, le mont Beritzoka et dont l'absence, comme l'écrivait alors le général commandant en chef, « ne permit pas de poursuivre le succès obtenu, ni d'en tirer sérieusement parti, en raison des énormes difficultés du terrain et de l'impossibilité d'y engager autre chose que des mulets de bât ».

Ce sont ces difficultés, aggravées par l'état déjà avancé de la saison et par le fâcheux état sanitaire des troupes (2) et la

---

(2) Beaucoup de personnes ont pensé que le port du sac et le travail de construction de la route ont été pour beaucoup dans le développement des fièvres palustres, qui ont si gravement atteint les soldats, surtout ceux des bataillons métropolitains, du corps expéditionnaire. Sans aller à l'encontre de cette théorie, que corrobore l'avis conforme de beaucoup d'autorités médicales, on doit faire, cependant, remarquer que les cavaliers du 10ᵉ escadron, les canonniers, les secrétaires et les ordonnan-

nécessité de brusquer les événements, qui décidèrent, dès le 4 août, le général commandant en chef à étudier les conditions d'organisation de la colonne légère. Il fallait, toutefois, atteindre, au préalable, la plaine d'Andriba, choisie comme point de rassemblement et comme nouvelle base de ravitaillement de cette colonne, car les éléments du train léger dont disposait le corps expéditionnaire devaient à peine suffire à pourvoir aux besoins de la colonne, pendant les 180 ou 200 kilomètres qui lui resteraient encore à parcourir.

On poursuivit donc avec persévérance cet ingrat labeur, en créant successivement les gîtes d'étapes du Ponceau, des Sources, d'Andjiéjié, d'Antsiafabositra, de la cote 750, de la Cascade, etc., que rejoignait successivement la tête des convois de ravitaillement et on atteignit ainsi, le 6 septembre, le hameau de Mangasoavina,

---

ces, qui ne portaient pas le havresac et qui n'ont jamais travaillé à la route, ont été, proportionnellement à leur effectif, au moins aussi éprouvés par la fièvre que les hommes de l'infanterie.

à l'extrémité sud de la plaine d'Andriba, d'ou devait partir, le 14 du même mois, le premier échelon de la colonne légère.

D'après les tableaux d'effectifs approuvés par le ministre de la guerre, le 22 février 1895, le service des étapes comprenait, outre un lieutenant-colonel ou colonel, directeur et trois officiers adjoints, des représentants des services de l'artillerie, du génie, de l'administration et du service de santé militaire, de la trésorerie et des postes, de la justice militaire et de la prévôté. Ce personnel spécial, complété par de larges emprunts faits successivement, aux corps de troupes, comprit en réalité, dans la période des transports intensifs, 97 officiers, 390 hommes de troupe et 322 auxiliaires indigènes, sans compter 4 bataillons de troupes d'étapes (1).

---

(1) Les troupes d'infanterie des étapes comprirent, à partir du passage de la Betsiboka par les troupes du gros (18-23 juillet), les 1er et 2e bataillons du 200e (1re brigade), le 2e bataillon du 13e régiment d'infanterie de marine et le bataillon de volontaire de la Réunion (2e brigade). Lors de la concentration préliminaire à la marche de la colonne légère et de la cons-

Le ravitaillement du corps expéditionnaire devait se faire, tant, pour la zone côtière, au moyen de la flottille fluviale, que, dans cette zone et plus haut, au moyen d'échelons de ravitaillement. Ces échelons, dont le nombre avait été prévu à 24, seraient attelés par les compagnies du train, chaque échelon comprenant 150 voitures Lefebvre (1).

Avant son départ de Majunga, le 1er juin 1895, le général commandant en chef prit soin de régler, en tenant compte des circonstances locales, l'organisation du commandement et des services de l'arrière, en attribuant au directeur de ces services (colonel Bailloud) certains pouvoirs administratifs et politiques sur la zone de l'arrière, dont les limites furent fixées, à l'est, au

---

titution de la station tête d'étapes de route de Mangasoavina, on y adjoignit un cinquième bataillon, le 40e bataillon de chasseurs à pied, dont l'état sanitaire ne permettait plus d'espérer qu'il pût coopérer à des opérations actives.

(1) Ces voitures devant théoriquement porter 200 kilogrammes au moins, chaque échelon représentait le transport de 30 tonnes.

cours du Mahajamba, à l'ouest, à celui du Mahavavy. La ligne d'étapes fluviale était, en même temps, jalonnée par les postes d'Ankaboka et de Marowoay (rive gauche et rive droite de la Betsiboka), d'Ambato (rive droite, à l'embouchure du Kamoro) et de Marololo (rive droite de l'Ikopa, à 3 kilomètres du confluent).

Deux bataillons, l'un du 200ᵉ (1ʳᵉ brigade), l'autre du régiment colonial (2ᵉ brigade), étaient aussi désignés pour servir de troupes d'étapes et répartis, par une ou deux compagnies, dans les gites d'étapes ainsi constitués entre Majunga et Marololo. Enfin, le poste d'Ankaboka était indiqué comme point initial de la ligne de navigation fluviale, dont les quatre remorqueurs du type A devaient desservir le secteur Ankaboka-Ambato et les huit autres, du type B, être employés dans le secteur Ambato-Marololo.

Dans ces conditions, le commandement estimait pouvoir amener, par voie fluviale, en un mois à dater de la mise en service de la flottille, au moins 2.000 tonnes de vivres et de matériel à Marololo ; le complément du matériel nécessaire, qui resterait à transporter, par suite de l'inégalité de rendement des deux secteurs de navigation fluviale, devrait être amené, par convois, d'Ambato à Marololo.

Après la prise de Mavetanana et l'occupation de Tsarasaotra, le général commandant en chef, mieux fixé sur les difficultés résultant de la lenteur des communications et de la profondeur toujours croissante de la ligne d'étapes, divisa cette zone (ordre du 24 juin) en deux secteurs N. et S. et délégua au commandant de l'artillerie (colonel Palle) le soin d'organiser et de diriger effectivement les transports, par voie de terre, dans le secteur sud.

Un peu plus tard (ordre du 26 juillet), quand la nécessité de réduire à leur minimum les transports des corps et services fut plus clairement constatée par les déchets qui commençaient déjà à se produire, le général commandant en chef régla à nouveau la répartition des mulets et voitures et l'organisation des échelons de ravitaillement. En vertu de cet ordre, les moyens de transport alloués, en principe, au service de la tête d'étapes, aux hôpitaux de campagne et aux ambulances revenaient au service général des transports, qui se trouva, par ce fait, disposer d'un supplément de 564 mulets, dont on put former quatre échelons de ravitaillement complémentaires. Le même ordre affectait au service des ravitaillements, dans le voisinage du point de stationnement des échelons de combat, les seconds échelons des batteries. Enfin, les 430 mulets abyssins, inutilisables au trait, étaient affectés comme animaux de bât, à la brigade d'avant-garde, en échange d'un nombre correspondant de mulets, français ou algériens, mis, pour être attelés, à la disposition des échelons du train.

Comme une sorte de corollaire de ces mesures imposées par la nécessité, le commandement réduisait, en même temps, le nombre des rations de vivres attribuées aux officiers et abaissait le taux de celles de fourrages à 4 kilogrammes (dont 2 d'orge et 2 de paddy ou riz non décortiqué) pour les chevaux et mulets, et à 2 kilogrammes de grain (orge ou paddy) pour les mulets abyssins.

C'est dans ces conditions que la marche du corps expéditionnaire en avant de Suberbieville se poursuivit, le 14 juillet, pour les troupes de l'avant-garde (dont le train se composait exclusivement d'animaux de bât) et, à partir du 24 juillet, pour le reste des troupes et des convois, que l'ouverture à la circulation du pont de la Betsiboka permettait enfin de pousser en avant. Quelque pénible que fût l'effort, pour les troupes et pour les convois, elles permirent de poursuivre le ravitaillement régulier, par voitures (1), du corps expédition-

---

(1) Pour arriver cependant à ce résultat et pour constituer ensuite les échelons du convoi de la colonne légère, dans lesquels aucune voiture ne pouvait entrer, il fallut pousser à ses dernières conséquences le principe posé par l'ordre du 16 juillet, prélever sur les unités de cavalerie et d'artillerie maintenues en arrière à peu près tous les cadres valides et la plupart des animaux et faire même appel aux bataillons d'étapes d'infanterie, dont un certain nombre d'officiers et de gradés furent encore employés à encadrer, à titre d'auxiliaires, les échelons de ravitaillement. Grâce à ces mesures exceptionnelles et aux efforts patriotiques de tous, une « navette » ininterrompue d'échelons de voitures et d'animaux de bât put fonctionner, d'une façon constante, depuis la fin de juillet jusqu'au 13 septembre, entre Marololo et Andriba, assurer le ravitaillement

naire jusqu'à la plaine d'Andriba, que l'avant-garde (alors la 2⁰ brigade) atteignit le 22 août et où vinrent successivement se concentrer, jusqu'au 12 septembre, les autres troupes et les approvisionnements qui devaient entrer dans la composition de la colonne légère.

Il a déjà été dit que c'est le 4 août, alors que la tête de colonne ne dépassait guère encore le camp des Sources, que le général commandant en chef, convaincu de l'im-

---

des troupes échelonnées le long de la ligne d'étapes, comme celui des unités qui se concentraient vers Mangasoavina, et amener en outre, en ce dernier point, les 175 ou 180 tonnes d'approvisionnements qui, avec une certaine quantité de « paddy » trouvée, par une heureuse fortune, dans les silos de la plaine d'Andriba, servirent à constituer le convoi administratif de la colonne légère.

Après le départ de cette colonne, la tâche des convois ne fut pas encore terminée, car il fallut continuer à ravitailler la station tête d'étapes de Mangasoavina et les différents postes de la ligne, qui ne devait être repliée que vers le 15 novembre, après le retour des bataillons du 200⁰ et de la légion; le personnel et les animaux, si épuisés et réduits qu'ils fussent, purent encore y suffire et réussirent même à

possibilité de pousser le travail de construction de la route beaucoup au delà d'Andriba, prescrivit les mesures nécessaires pour que la colonne légère se formât en ce point et pût en partir vers le 15 septembre. Une réduction nouvelle, qui devait, cette fois, porter sur la quotité de la ration de vivres (pour les troupes de la colonne légère et pour la période ultérieure à la date du départ d'Andriba), fut notifiée aux officiers généraux commandant les brigades et aux chefs de service, en même temps qu'avis leur était donné confidentiellement des intentions du géné-

---

pourvoir à la constitution de trois petits convois de ravitaillement, qui rejoignirent la colonne légère après son entrée à Tananarive.

Cette phase des opérations fut certainement, à bien des points de vue, la plus laborieuse et la plus pénible de la campagne; le résultat obtenu fait grand honneur aux officiers et fonctionnaires qui ont préparé et assuré l'exécution des transports, non moins qu'aux hommes de troupe et à un grand nombre des conducteurs auxiliaires employés aux convois, dont on ne saurait trop louer l'esprit de dévouement et de sacrifice.

ral commandant en chef pour cette marche en avant (1).

Les détails relatifs à l'organisation des convois de la colonne légère, qui est intimement liée à celle de la colonne elle-même, trouveront plus naturellement leur place au chapitre suivant, dans l'exposé

---

(1) La ration réduite, pour les troupes et les conducteurs de la colonne légère, devait comprendre, en outre des rations, légèrement augmentées, de sucre, café, tafia, graisse, sel et légumes :

400 grammes de pain de guerre et 500 grammes de viande fraîche (ou 1/3 de ration de viande de conserve), pour les Européens et assimilés ;

300 grammes de pain de guerre, 100 grammes de riz, 300 grammes de viande fraîche (ou 1/6 de ration de viande de conserve) pour les conducteurs kabyles ;

700 grammes de riz et 250 grammes de viande fraîche (ou 1/6 de ration de viande de conserve) pour les soldats et les conducteurs noirs.

En fait, grâce à la constitution d'un troupeau de 500 têtes au convoi principal et de troupeaux de 50 têtes attribués, au départ d'Andriba, à chacun des bataillons, la colonne légère ne manqua jamais de viande fraîche et la réserve de viande de conserve arriva intacte à Tananarive.

de la concentration de ses différents éléments et de ses opérations contre Tananarive.

VII. — MARCHE ET OPÉRATIONS DU CORPS EXPÉDITIONNAIRE

Les opérations du corps expéditionnaire peuvent se diviser en six périodes distinctes :

1º Opérations maritimes (occupation des points principaux de la côte), 11 décembre 1894-1er mars 1895);

2º Opérations de l'avant-garde, avant l'arrivée du gros du corps expéditionnaire (1er mars-17 mai 1895);

3º Opérations du corps expéditionnaire, jusqu'à l'ouverture du pont de la Betsiboka (17 mai-14 juillet 1895);

4º Opérations du corps expéditionnaire jusqu'au départ de la colonne légère (14 juillet-14 septembre 1895);

5º Marche et opérations de la colonne légère (14 septembre-30 septembre 1895);

6º Occupation de Tananarive et répression des mouvements insurrectionnels (1er octobre 1895-18 janvier 1896).

1° Opérations maritimes

Dès que M. Le Myre de Villers se fut rembarqué pour la France, après l'échec de sa tentative de conciliation, le capitaine de vaisseau Bienaimé, chef de la division navale de l'océan Indien, dut se préoccuper, conformément aux ordres du gouvernement, des moyens d'assurer au corps expéditionnaire la possession des divers points de la côte nécessaires pour le débarquement méthodique du personnel et du matériel, le ravitaillement des troupes, la protection de nos nationaux et aussi pour entretenir quelque incertitude dans l'esprit de l'ennemi sur le terrain exact de notre future action militaire.

A. *Occupation de Tamatave.* — Les crédits ayant été votés définitivement, le 7 décembre, par le Parlement, la notification de l'état de guerre fut faite, le 11 décembre, au chef de la division navale. Dès le 12 décembre, à 7 heures du matin, un détachement placé sous le commandement du lieutenant-colonel Colonna de Giovellina et composé de trois compagnies d'infanterie et d'un groupe d'artillerie (1), débarquait à Tamatave et occupait, presque sans coup férir, ce port, important à la fois à cause de ses ressources propres et comme débouché de la route la plus ordinairement suivie pour gagner la capitale de l'Emyrne.

Les Hovas se retirèrent aussitôt sur la rive gauche du Ranomainty, derrière une ligne de retranchements préparés à l'avance et connus sous le nom de « ligne de Farafate ». De son côté, le commandant de la division navale, en même temps qu'il déclarait la place en état de siège, assurait la défense de la presqu'île sur laquelle elle est assise, en élevant, à la gorge, une ligne de trois blockhaus, qui furent armés d'une pièce de 14 centimètres débarquée du *Primauguet* et de trois canons-revolvers de 37 millimètres. Ces blockhaus furent, en outre, reliés par une double palissade en fil de fer à ronces métalliques.

---

(1) 13 officiers et 475 hommes d'infanterie, 4 officiers et 62 hommes d'artillerie avec 8 canons de 80 millimètres (6 de montagne, 2 de campagne).

Le lieutenant-colonel Colonna de Giovellina avait reçu comme instruction de garder strictement la défensive; cet officier supérieur se borna, par suite, à canonner, de temps à autre (28 décembre et 23 janvier), les lignes hovas, notamment le réduit central établi à Manjakandrianombana; la garnison opérait, en outre, quelques petites reconnaissances pour tenir l'ennemi dans l'incertitude de nos projets ultérieurs.

Le 27|février, la garnison, qui avait déjà été renforcée, à la date du 27 janvier, de 200 hommes environ venus de France ou de la Réunion, fut encore augmentée d'une compagnie, ce qui porta son effectif à 800 hommes d'infanterie et environ 75 hommes d'artillerie.

B. *Défense de Diégo Suarez.* — Aussitôt après la rupture des négociations, les Hovas avaient envahi le territoire de notre colonie de Diégo-Suarez et y avait établi une série de postes plus ou moins fortifiés.

Le 22 décembre 1894, poussant davantage en avant, ils vinrent mettre le feu aux bâtiments de plusieurs concessions et, le 23 décembre, un parti de 150 hommes osa même s'attaquer au poste de Mahatsinjo, qui les repoussa avec perte.

Le 24 décembre, la colonie fut déclarée en état de siège par le commandant de la division navale, et le lieutenant-colonel Piel, de l'artillerie de marine, fut nommé commandant supérieur. Quelques ouvrages de défense furent construits, en vue de mettre Antsirane, chef-lieu de la colonie, et sa banlieue immédiate à l'abri d'un coup de main.

La garnison, forte de quatre compagnies d'infanterie de marine, de la 2e compagnie de disciplinaires et d'un détachement d'artillerie, exécuta de nombreuses reconnaissances offensives contre les postes hovas. Le 19 février, notamment, elle enleva les retranchements dits du point VI, en avant d'Antsirane, à la suite d'une vigoureuse action, qui lui coûta sept tirailleurs malgaches blessés.

Ce n'est, toutefois, que le 14 avril, quand la saison de l'hivernage touchait presque à son terme, qu'elle put pousser plus loin ses opérations et s'attaquer à la position d'Ambohimarina. Cette position, située à 24 kilomètres dans le sud de Diégo-

Suarez et qui constituait le poste principal de l'ennemi, fut enlevée à la suite d'une marche et d'un combat de nuit, intelligemment dirigés par le chef de bataillon Martin, commandant le bataillon de volontaires de la Réunion.

Dans cette opération, le bataillon de volontaires de la Réunion, qui avait remplacé à Diégo-Suarez les compagnies d'infanterie de marine et de tirailleurs malgaches dirigés sur Majunga, fit preuve d'une résistance et d'un sang-froid très appréciables chez une aussi jeune troupe.

C. *Occupation d'Ambodimadiro*. — Le 12 février, sur la demande des chefs sakalaves de la côte nord-ouest et sur leur promesse de fournir au corps expéditionnaire plusieurs milliers de coolies, si une garnison française était établie chez eux pour les protéger contre les incursions des Hovas, le commandant de la division navale avait fait occuper le village d'Ambodimadiro, au fond de la baie de Passandava.

On sait combien peu cette promesse fut tenue; néanmoins, l'occupation de la position d'Ambodimadiro eut l'avantage de tenir en échec les postes que les Hovas avaient établis sur la côte, vis-à-vis de notre colonie de Nossi-Bé et assura dans cette région le maintien d'une tranquillité relative.

D. *Occupation de Majunga*. — Majunga, qui était destiné à devenir la base d'opérations du corps expéditionnaire, fut, d'autre part, occupé le 15 janvier.

Un détachement, comprenant deux compagnies d'infanterie de marine et une section d'artillerie, sous les ordres du chef de bataillon Belin, avait été, à cet effet, constitué, dès le 7 janvier, à Diégo-Suarez; il fut embarqué, les 13 et 14 janvier, à bord de la *Rance* et de la *Romanche*, qui appareillèrent ensuite pour Majunga et y arrivèrent le 16 janvier.

La place avait été bombardée, dès le 14 janvier, de 11 heures à midi, puis occupée, le 15, sans coup férir, par les compagnies de débarquement des bâtiments de la division navale. Les unités d'infanterie et d'artillerie de marine venues de Diégo-Suarez y furent débarquées, l'état de siège proclamé et le commandant Belin nommé commandant supérieur.

A partir du 23 janvier, des reconnaissances furent exécutées, soit par terre, soit par eau, en vue d'étudier la configuration topographique et les ressources des environs de Majunga et de déterminer les conditions d'installation des troupes du corps expéditionnaire pendant les opérations du débarquement. Le 17 février, notamment, une reconnaissance offensive, effectuée par mer, sur Marohogo (à 22 kilomètres de Majunga), délogea de ce village une petite bande malgache et y mit le feu.

E. — *Situation générale au moment du débarquement de l'avant-garde.* — En résumé, à la date du 1er mars, jour du débarquement de l'avant-garde du corps expéditionnaire, nous tenions l'ennemi en respect dans notre colonie de Diégo-Suarez et dans la baie de Passandava et nous menacions simultanément, tant à Majunga que dans la presqu'île de Tamatave, les Hovas établis sur la route de Marowoay et dans les lignes de Farafate, les laissant incertains sur le choix de nos futures bases d'opérations.

2° **Opérations de l'avant-garde avant l'arrivée du corps expéditionnaire (1ᵉʳ mars-6 mai 1895).**

Le général Metzinger, commandant l'avant garde du corps expéditionnaire, débarqua à Majunga le 1ᵉʳ mars.

Outre son état-major et divers représentants des services généraux, cet officier géral amenait avec lui, par le *Shamrock :*

Le 2ᵉ bataillon du 3ᵉ tirailleurs, qui devint plus tard le 3ᵉ bataillon du régiment d'Algérie ;

Le personnel et le matériel de l'hôpital de campagne n° 1.

D'autre part, l'affrété *Notre-Dame-de-Salut*, qui arriva à Majunga le 7 mars, avait à son bord : la 15ᵉ batterie de montagne ; la demi-11ᵉ compagnie du génie ; un détachement du 30ᵉ escadron du train et le complément du personnel des divers services de l'avant-garde.

La mission de cette avant-garde, définie par une instruction qu'avait approuvée le gouvernement, consistait : 1° à exécuter, à Majunga, les premiers travaux d'organisation de la base maritime et à assurer le débarquement du matériel envoyé à cet effet ; 2° à dégager les rives de la baie de Bombetoke et celles de la Betsiboka, en vue de la marche en avant du corps expéditionnaire.

Du 1er au 24 mars, les troupes furent presque exclusivement employées au déchargement du matériel, à la construction d'abris et de chemins, opérations rendues longues et pénibles par suite du manque de main-d'œuvre indigène et des pluies, et c'est seulement le 25 mars que le général Metzinger put commencer quelques opérations actives en avant de Majunga.

Les troupes combattantes, placées sous les ordres de cet officier général, comprenaient alors :

1° Le 3e bataillon du régiment d'Algérie ;

2° L'état-major, les 3e et 4e compagnies du bataillon d'infanterie de marine de Diégo-Suarez ;

3° Le bataillon de tirailleurs malgaches (les 1re et 3e compagnies de ce bataillon ne débarquèrent à Majunga que le 28 mars);

4° La 15e batterie de montagne ;

5° Une section d'artillerie de marine ;

6° Une demi-compagnie du génie ;

7° Un détachement du train (11 mulets).

La région comprise entre Majunga et Suberbieville est formée, comme il a été dit, par des alluvions modernes, d'où émergent plusieurs soulèvements basaltiques orientés sensiblement E.-O., — tels que le massif qui domine Ambodinabatekel et Mevarano et le plateau boisé d'Ankarafantsika, — et des « témoins » d'alluvions anciennes, tels que ceux sur lesquels sont construits les villages de Trabonjy et d'Ambato. Entre ces diverses lignes de relief s'étendent de vastes plaines marécageuses, parcourues par les affluents de la Betsiboka, soumis, pour la plupart, au flux et au reflux de la marée et qui présentent à la marche d'une colonne de sérieux obstacles.

La pente générale du terrain entre la mer et le confluent de la Betsiboka et de l'Ikopa est très faible (l'altitude de Suberbieville ne dépasse guère 30 mètres); mais les divers soulèvements dont il a été parlé plus haut ont, notamment du côté du sud, des pentes très escarpées. La construction d'un sentier muletier, puis, d'une route carrossable sur le versant sud du massif d'Ambodinabatekel et du plateau d'Ankarafantsika n'a pu être effectuée qu'au prix de travaux longs et pénibles.

Le ravitaillement des troupes d'avantgarde eût, dans ces conditions, présenté des difficultés insurmontables, si elles n'avaient pu se maintenir à portée de la voie navigable de la Betsiboka.

D'après les renseignements qu'il avait été possible de recueillir, les points occupés par les Hovas, le long de la Betsiboka, se composaient essentiellement : 1° d'une batterie établie sur la rive gauche, en avant de Mahabo, lieu de sépulture des rois sakalaves, où se trouvait un poste de 200 hommes; 2° du village de Marowoay, sur la rive droite, dont les fortifications avaient été relevées et armées à la moderne et que couvrait, en avant, un camp retranché, occupé par environ 3.000 hommes, auprès de Miadane, mais dont l'emplacement exact n'était pas connu.

Le général Metzinger se résolut à faire, tout d'abord, occuper Mahabo, non seulement pour assurer la sécurité de la navigation sur le cours inférieur de la rivière, mais encore en vue de soustraire les populations sakalaves de cette région à l'influence des Hovas et de les amener à nous fournir des auxiliaires. L'envoi d'une colonne sur la rive gauche du fleuve aurait, en outre, l'avantage de menacer les communications, en arrière, des camps hovas établis sur la rive droite et, par suite, de faciliter les opérations de la colonne principale, chargée de repousser le gros des forces ennemies et dont l'objectif était la position de Marowoay.

Il faut, enfin, remarquer que les deux postes de Mahabo et de Marowoay, assignés comme premiers objectifs aux opérations de l'avant-garde, marquent la limite de la région où pouvait s'exercer l'action des canonnières de la division navale, du type du *Gabès* et des caboteurs de mer ne calant pas plus de 3 mètres. Ces bâtiments se trouvaient, par suite, en mesure de prêter un concours efficace aux troupes, non seulement en assurant leur ravitaillement, mais aussi en les appuyant éventuellement du feu des pièces de bord et de l'action des compagnies de débarquement.

A. — *Occupation de Mahabo* (25 mars). — La canonnière *Gabès*, poussée au préalable en rivière, était parvenue à s'embosser à portée de canon de la batterie de Mahabo et des fortifications de Marowoay; elle réussit à éteindre le feu de la première et bombarda le second, mais sans résultat décisif.

Le 25 mars, sous la protection de ce bâtiment, une colonne placée sous le commandement du capitaine Rabaud, et qui comprenait la 10e compagnie et le premier peloton de la 11e compagnie du régiment d'Algérie, avec une section de la 15e batterie et un détachement du génie, débarqua près de Mahabo, à 4 heures du soir, au point d'Ankaboka (1).

Après avoir reconnu le terrain, dans la journée du 26, la colonne marcha, le 27, sur le poste hova et l'enleva, en prenant 2 canons et en tuant 8 hommes à l'ennemi. Les Sakalaves, feudataires des Hovas, qui s'étaient groupés autour des tombeaux de leurs rois, prêts à les défendre, voyant

---

(1) On a vu que ce point devint, par la suite de la campagne, le port de transbordement du matériel et du personnel, des caboteurs de mer sur les remorqueurs et chalands de rivière.

que nous entendions les respecter, jetèrent leurs armes et se joignirent à nous. A ce point de vue, l'occupation de Mahabo n'a pas été sans avoir, pour la période de début, une importance politique assez notable.

De Mahabo, le détachement du capitaine Rabaud poussa des reconnaissances, non seulement vers le nord et le sud de la position (rive gauche), mais encore chercha aussi, de concert avec le commandant du *Gabès*, le moyen d'accéder sur la rive droite, en vue d'une action militaire sur Marowoay.

B. — *Occupation du Miadane.* — D'autre part, la colonne principale chargée d'opérer sur la rive droite avait été concentrée, le 26 mars, à Marobogo. Placée sous les ordres du commandant Belin, cette colonne comprenait trois compagnies d'infanterie (2e compagnie du bataillon malgache, 4e compagnie du bataillon d'infanterie de marine, 9e compagnie du régiment d'Algérie), une section de la 15e batterie, une section d'artillerie de marine et un détachement du génie. Elle avait pour mission de s'efforcer de gagner, par terre, Mevarano, où elle serait rejointe par un renfort qu'amènerait, par eau, le général Metzinger.

Les obstacles du terrain retardèrent, malheureusement, la marche de la colonne Belin. Le détachement du génie dut frayer, à travers la brousse, un chemin à l'artillerie et notamment construire un sentier muletier sur la falaise abrupte d'Ambodinabatekel. Ces circonstances ne permirent à la colonne de rallier Mevarano que le 30 mars, lendemain du jour où le général Metzinger était débarqué en ce point, avec la 12e compagnie, l'état-major du 3e bataillon du régiment d'Algérie et un petit convoi de vivres.

Dès le 29 mars, la 12e compagnie avait occupé Mevarano; le 30, elle exécuta vers le sud une reconnaissance offensive, qui nous coûta deux blessés. La journée du 31 fut consacrée au repos, par la colonne de la rive droite, en vue d'une reprise de la marche, le 1er avril, sur Marowoay.

Cette colonne (dont la composition précède) comprenait, au total, 29 officiers, 738 hommes de troupe et 108 chevaux et mulets. En outre, la canonnière *Lynx* était prête à suivre ses mouvements en remontant le chenal oriental de l'estuaire de la Betsiboka, de manière à l'appuyer de son feu, tout en assurant ses communications, par le fleuve, avec Majunga.

La colonne, partie le 1ᵉʳ avril de Mevarano, ne put arriver à Antanalamanaco que le 3, entre 9 et 10 heures du matin. A 4 heures du soir, le même jour, laissant au camp sacs et bagages, 3 compagnies, soutenues par une section d'artillerie, se portèrent sur Miadane, où on signalait la présence de groupes ennemis. Ce village ayant été enlevé vers 5 heures, l'attaque, conversant à gauche, se porta dans la direction du camp ennemi, dont certains renseignements, assez vagues, signalaient l'existence, à 2 kilomètres dans l'est.

Mais la marche fut, presque aussitôt, rendue fort difficile par des marais, des marigots et des rizières inondées, qui offrirent à la marche, surtout à gauche, des obstacles presque insurmontables. Au même instant, survint un violent orage, qui transforma la plaine en un immense marécage. La nuit arrivant, le général Metzinger jugea qu'il deviendrait impossible de faire suivre le convoi ; il donna l'ordre du rassemblement et ramena, le soir même, la colonne à Antanalamanaco.

Les Hovas avaient fait, devant cette reconnaissance, assez bonne contenance et, tout en se repliant à mesure que nos tirailleurs avançaient, ne s'étaient pas débandés. Leur attitude fit penser qu'il faudrait consacrer une journée au moins à l'enlèvement du camp retranché dont on avait pu reconnaître les principaux reliefs et d'où les Hovas avaient salué notre approche de plusieurs coups de canon. Or, le convoi ne portait plus que deux jours de vivres ; dans ces conditions, il pouvait paraître imprudent de poursuivre la marche sur Marowoay. La colonne fit, en conséquence, demi-tour et se replia, le 4 avril, sur Mevarano (1).

---

(1) Ordre du général Metzinger, en date du 3 avril (8 heures soir) :

« Malgré l'entrain des troupes, très méritoire en pareil terrain et par un si mauvais temps, il n'est pas possible de continuer la poursuite de l'ennemi, qui se retire derrière des marais de plus en plus infranchissables.

» L'opération reprendra lorsque, la saison

Quant au général Metzinger, il rentra de sa personne à Majunga, pour préparer la reprise de la marche aussitôt après la fin des pluies de l'hivernage et quand le débarquement des premières troupes et des premiers mulets du train permettrait d'entrer résolument dans la phase des opérations actives. Durant cette période d'arrêt, le 3ᵉ bataillon du régiment d'Algérie fut dirigé, en entier, sur Mahabo et chargé d'étendre ses reconnaissances tout le long de la rive gauche, depuis la pointe de Katsépé, au nord, jusqu'à Madirvale (à 40 kilomètres environ vers le sud), de façon à permettre, si la chose devenait nécessaire, de déborder Marowoay par cette rive.

Les trois premiers paquebots affrétés pour le transport de l'expédition proprement dite débarquèrent à Majunga, du 23 au 25 avril, l'état-major et le 2ᵉ bataillon

---

des pluies ayant cessé, la marche sera devenue possible.

» Demain, la colonne se mettra en route pour rentrer au camp de Mevarano. »

du régiment d'Algérie, la 13e compagnie du génie, avec 28 chevaux et 73 mulets, la 1re compagnie du train, 182 conducteurs auxiliaires (Kabyles), avec 4 chevaux et 413 mulets, et la 6e compagnie *bis*, composée de 500 conducteurs sénégalais. L'arrivée de ces renforts rendait possible la reprise immédiate des opérations contre Marowoay, qui fut décidée pour le 29.

C. — *Prise de Marowoay.* — A la suite de l'engagement du 3 avril et, malgré notre mouvement de retraite, les Hovas avaient évacué Miadade et le camp retranché de Nossi-Piha, en n'y laissant que quelques avant-postes. Mais on avait appris qu'ils tenaient une ligne de crêtes, occupée par plusieurs villages, qui s'étend de Marowoay à Amparilava, sur un front de 10 kilomètres environ, ayant à dos les immenses rizières et marécages qui séparent cette crête du plateau basaltique d'Ankarafantsika. Les dispositions suivantes furent prises en vue de les en déloger.

Trois colonnes furent formées, savoir :

Colonne de gauche ou de Mevarano, placée sous les ordres directs du général Metzinger :

Lieutenant-colonel Pardes, commandant le bataillon de tirailleurs malgaches :

Etat-major et 3 compagnies du bataillon de tirailleurs malgaches:

4ᵉ compagnie d'infanterie de marine de Diégo-Suarez ;

1/2 section d'artillerie de marine.

Lieutenant-colonel Pognard, du régiment d'Algérie :

Etat-major et 3 compagnies du 2ᵉ bataillon du régiment d'Algérie ;

2 sections de la 15ᵉ batterie ;

13ᵉ compagnie du génie.

Direction : Amparilava et la droite des positions hovas.

Colonne du centre. — Capitaine de vaisseau Bienaimé, chef de la division navale :

Compagnies de débarquement (135 hommes) des équipages de la flotte;

9ᵉ compagnie du régiment d'Algérie ;

3 pièces de 65 m/m servies par les matelots canonniers.

Direction : La Betsiboka, jusqu'à l'embouchure de la rivière de Marowoay, puis, Mahatzinjo et Marowoay.

Colonne de droite, placée sous les ordres

du capitaine Delbousquet, du régiment d'Algérie :

11ᵉ compagnie du régiment d'Algérie, venant de Mahabo ;

Direction : Ambohibary et les derrières de l'ennemi.

La marche convergente de ces trois colonnes sur Marowoay fut fixée au 2 mai.

Opérations de la colonne de gauche. — Le 29 avril, le lieutenant-colonel Pardes se porta en avant, à la tête de son détachement ; le 30 avril, il occupa le camp de Nossi-Piha, que les postes hovas brûlèrent en se retirant et rallia ensuite la colonne de gauche, à Miadane. La journée du 1ᵉʳ mai fut employée à préparer et à effectuer le passage de l'Andranolava, rivière soumise à la marée et, par suite, non guéable ; la colonne alla ensuite bivouaquer, le soir même, sur les hauteurs de la rive gauche.

La marche fut reprise, le 2 mai, à 4 h. 1/2 du matin, le détachement Pardes formant l'avant-garde. A 6 h. 1/2, ce détachement engagea le combat avec un petit corps hova embusqué sur la gauche de la direction suivie, puis, contre une autre troupe, qui occupait Ambohimanga avec un canon Hotchkiss. Le lieutenant-colonel Pardes, déployant aussitôt son infanterie, rejeta l'ennemi sur les villages à l'est de Marowoay, en particulier sur ceux d'Antanimor et d'Amparilava, où il semblait, comme il a déjà été dit, avoir sa principale ligne de résistance.

Cet officier supérieur reçut, alors, l'ordre de poursuivre le combat, en marchant directement vers la gauche, sur Amparilava.

A droite, le lieutenant-colonel Pognard, ayant en première ligne une compagnie de tirailleurs algériens en formation de combat, au centre et un peu vers sa gauche, l'artillerie, à qui incombait d'abord la mission d'appuyer le mouvement de la colonne Pardes, en réserve, une compagnie de tirailleurs algériens, prit pour objectif le village d'Antanimor.

Le convoi marchait en arrière, sous la protection d'une compagnie de tirailleurs algériens.

La marche en avant, un moment interrompue pour laisser un peu de repos aux troupes, fut reprise à 9 h. 1/2.

Après avoir parcouru 3 kilomètres environ en plaine, on se heurta à une position naturellement forte et mise en état de défense par les Hovas. Attaqué de front par le lieutenant-colonel Pardes et par l'artilrie et, sur sa gauche, par les tirailleurs algériens du lieutenant-colonel Pognard, l'ennemi lâcha pied, en se débandant à travers les immenses rizières qui constituent la plaine de Marowoay. Il était alors 10 heures du matin.

Tandis que le détachement Pardes poursuivait le combat sur Amparilava, couvrant d'obus et de feux de salve les fuyards, dont la marche était entravée par la vase des marécages et les digues des rizières, la colonne Pognard marcha sur Marowoay, où elle entra vers midi. A 10 h. 1/2, le lieutenant-colonel Pardes avait reçu l'ordre de cesser le feu et de bivouaquer à Amparilava.

Opérations de la colonne du centre. — Le 1er mai, au matin, le *Primauguet*, la *Rance* et le *Lynx*, couverts en amont par le *Gabès*, mouillé à 5 kilomètres de Marowoay, quittaient la rade de Majunga, emportant la 9e compagnie de tirailleurs algériens et remontaient la Betsiboka jusqu'au point où le fleuve cesse d'être navigable pour des bâtiments de ce tonnage. Les compagnies de débarquement des bâtiments furent, à ce moment, réparties entre quatorze embarcations empruntées aux différents navires et organisées en quatre groupes.

Le 2 mai, au point du jour, la compagnie de tirailleurs algériens fut débarquée à l'entrée de la rivière de Marowoay et marcha sur Mahatsinjo.

Pendant ce temps, les trois premiers groupes de l'escadrille remontaient la rivière de Marowoay, accueillis par des feux de mousqueterie et par ceux de la batterie à l'ouest de Mahatsinjo, ainsi que par le feu d'une pièce, à demi enterrée, qui enfilait la rivière; ils y répondirent par quelques coups des pièces de 65 millimètres et des canons-revolvers, joints à des feux de salve, qui suffirent pour éteindre le feu de l'ennemi.

La compagnie de tirailleurs s'étant en même temps avancée jusqu'à hauteur de l'escadrille, les embarcations mirent à terre les compagnies de débarquement, suivies du canon de 65 millimètres du *Shamrock*, et les fusiliers marins, couverts à gauche par la compagnie de tirailleurs, se portèrent sur Marowoay, sous la conduite personnelle du capitaine de vaisseau Bienaimé.

Vers 10 heures du matin, le pavillon hova qui flottait sur la « rova » (fort) de Marowoay fut brusquement amené. Le commandant Bienaimé, pressant la marche, entra peu après dans Moroway en franchissant les retranchements abandonnés par l'ennemi et l'occupa ; il se porta ensuite sur le rova, qui domine la ville de 50 mètres environ, y pénétra avec quinze hommes et y fit, à 11 h. 15 du matin, hisser le pavillon français.

Opérations de la colonne de droite. — La compagnie Delbousquet, transportée de la rive gauche sur la rive droite de la Betsiboka par les embarcations du *Gabès*, traversa le village d'Ambalamanga et marcha sur Ambohibary, d'où elle ne put que poursuivre, par quelques feux de salve, les groupes ennemis s'enfuyant de Marowoay ; cette compagnie rentra, dans la nuit même, à Ankaboka.

Ces opérations, où les troupes de terre

et de mer rivalisèrent d'entrain et qui ne nous avaient coûté que 1 tirailleur algérien tué et 4 tirailleurs malgaches blessés, dont un mortellement (1), nous assurèrent la possession définitive de l'importante position de Marowoay et de l'estuaire de la Betsiboka.

Néanmoins, un fort parti ennemi, environ 2.000 hommes, était demeuré retranché près du village d'Ambodimonti, à 12 kilomètres environ dans le sud-est de Marowoay, où Ramazombazaha avait rallié une partie des fuyards et concentré quelques renforts envoyés de Tananarive.

La colonne Pardes reçut, en conséquence, l'ordre de s'établir à Manounga (à 10 kilomètres environ, à vol d'oiseau, vers l'est de Marowoay), avec la mission d'observer

---

(1) L'ennemi laissa entre nos mains : 18 vieux canons lisses, à Marowoay ; 2 canons lisses et 1 mitrailleuse, à Amparilava ; 10.000 cartouches, 2.000 obus, 5 affûts Hotchkiss et des approvisionnements de poudre. Ramazombazaha, gouverneur du Boëni, qui commandait la défense, ne réussit lui-même à s'échapper qu'en nous abandonnant ses insignes de commandement, ses vêtements et sa correspondance.

l'ennemi jusqu'à la reprise de la marche en avant. En même temps, du 3 au 9 mai, le général Metzinger faisait reconnaître les débouchés sur la rive gauche de la rivière de Marowoay et prescrivait à la 13e compagnie du génie d'établir immédiatement sur cette rivière un bac à traille, à l'aide de pirogues réquisitionnées.

Dès que le passage fut praticable (13 mai), cet officier général lança sur la rive gauche le colonel Oudri, avec trois compagnies du 1er bataillon du régiment d'Algérie et la 15e batterie du 38e régiment ; cette colonne avait mission de se porter sur Ambodimonti, par le sud, en passant par Marolambo et Androtra, de manière à éviter les rizières et marécages de la plaine de Marowoay et à placer entre deux feux le camp hova d'Ambodimonti.

Pour préparer l'exécution de ce plan, le lieutenant-colonel Pardes se porta en avant, le 15 mai, afin de reconnaître les abords de la position d'Ambodimonti et, en particulier, les gués dits du Tamarinier, sur un des affluents de la rivière de Marowoay ; arrivée à 2 kilomètres de Manounga, la tête de sa colonne se heurta contre une colonne ennemie qui marchait à sa rencontre. Un violent combat corps à corps s'engagea, à travers la brousse et les hautes herbes, entre nos tirailleurs (1) et les Hovas, qui furent bientôt repoussés, laissant sur le terrain un canon se chargeant par la culasse, des munitions et environ soixante morts.

Cet engagement, très court mais très vif, nous avait coûté un officier blessé (lieutenant Forestou) et onze tirailleurs blessés, dont quatre très grièvement.

Le 16 mai, conformément aux instructions reçues, le lieutenant-colonel Pardes se maintint sur ses positions, attendant pour marcher sur Ambodimonti, l'annonce de l'approche de la colonne Oudri, dont les difficultés du terrain avaient fortement ralenti la marche. Mais, ayant appris, dans la soirée même, que les Hovas, complètement démoralisés par la vigoureuse attaque du 15 mai et, sans doute aussi, par l'appro-

---

(1) La colonne Pardes se composait, à cette date, de l'état-major et de deux compagnies et demie du bataillon malgache et de la 5ᵉ compagnie du régiment d'Algérie, soit 13 officiers et 434 fusils.

che de la colonne Oudri, avaient abandonné la position d'Ambodimonti, qu'ils avaient pourtant hérissée de tranchées, d'épaulements et de défenses accessoires, il crut devoir l'occuper, dès le 17 mai au matin.

Il y trouva une grande quantité de munitions pour canons Krupp, canons Hotchkiss et mitrailleuses Gardner, ainsi que de nombreuses cartouches pour fusils Sniders. A 1 heure de l'après-midi, le 17 mai, la colonne Oudri entrait, à son tour, à Ambodimonti.

Par suite de ces opérations (1), tout le cours de la Betsiboka, jusqu'à Ankaboka-Marolambo, et toute la rive droite du fleuve, jusqu'à Androta, se trouvaient purgés de troupes hovas. L'avant-garde du corps expéditionnaire avait donc mené à bien la mission qui lui avait été confiée.

Le général en chef, débarqué à Majunga le 6 mai, était venu, le 16 mai, inspecter ses positions et, dès le 18, toutes les dis-

---

(1) A la suite des combats des 2 et 15 mai, le général commandant en chef cita à l'ordre du corps expéditionnaire M. le lieutenant-colonel Pardes, du régiment colonial.

positions furent arrêtées et les instructions données, non seulement en vue de la reprise de la marche en avant de l'avant-garde, mais encore pour régler les mouvements du reste du corps expéditionnaire, dont les principaux éléments seraient debarqués à Majunga avant la fin du mois de mai.

Le nouvel objectif assigné à l'avant-garde allait être l'occupation de la position de Mavetanana-Suberbieville, aux environs de laquelle devait être installée la base fluviale, c'est-à-dire le point terminus des convois de ravitaillement par eau et le point de départ des transports par terre.

3º Opérations du corps expéditionnaire jusqu'à l'ouverture du pont de la Betsiboka (19 mai-14 juillet 1895).

Les vigoureux combats de Marowoay et d'Ambodimonti avaient assuré à notre avant-garde une telle supériorité morale sur les Hovas que ceux-ci, comme on le verra, ne firent, dans cette troisième phase des opérations, aucune tentative sérieuse pour s'opposer à la marche de nos troupes.

C'est ainsi qu'ils abandonnèrent sans résistance l'importante position de Trabonjy-Mahatombo, dès qu'ils aperçurent la tête de la colonne du général Metzinger ; quant au passage de la Betsiboka, large fleuve de plus de 400 mètres, il ne fut également que très peu défendu et c'est seulement, en fait, à Mavetanana-Suberbieville (à 140 kilomètres au sud de Marowoay), qu'ils prirent, de nouveau, position pour attendre nos troupes.

Le terrain compris entre Marowoay et le confluent de la Betsiboka et de l'Ikopa eût été, cependant, essentiellement favorable à une guerre de chicane, à cause de ses innombrables difficultés naturelles et la colonne Metzinger ne tarda pas à en faire l'expérience. Elle eut, en effet, à surmonter toutes les difficultés d'un terrain, tantôt escarpé et couvert d'une forêt épaisse, tantôt marécageux et coupé de marigots ou de rivières profondes infestées de caïmans et c'est à grand peine, dans ces conditions, que purent se poursuivre la marche et le ravitaillement des troupes.

Le premier objectif de l'avant-garde était la position de Trabonjy-Mahatombo, qui avait été signalée comme devant être fortement défendue; cette position était importante, en effet, parce qu'elle maîtrisait le village d'Ambato, situé au confluent de la Betsiboka et du Kamoro et l'un des futurs postes de la ligne de communications fluviales. La position ayant été occupée, sans coup férir, le 22 mai, un détachement léger, composé d'une compagnie montée du régiment d'Algérie et d'une pièce de la 15e batterie, fut lancé à la poursuite des Hovas, mais sans qu'il fût possible de les atteindre, malgré une forte marche de nuit. Quant au village d'Ambato, le 40e bataillon de chasseurs, qui avait rejoint, à l'avant-garde, le régiment d'Algérie, y pénétra, sans difficulté, le 23 mai.

Les quatre bataillons qui constituaient dès lors l'avant-garde s'y concentrèrent, le 26 mai; ils y furent ravitaillés, d'une part, par un convoi de 300 mulets bâtés, constitué avec les premiers éléments débarqués de la 1re compagnie du train et, d'autre part, par le *Boëni* et par deux canots-vedettes, qui avaient péniblement remorqué jusqu'à ce point un chaland chargé de vivres.

Dès le 26 au soir et pendant les journées des 27 et 28, les troupes de l'avant garde franchirent successivement, à l'aide du chaland qui avait amené les vivres, le cours du Kamoro et, le 30 mai, la colonne se trouva de nouveau réunie, à 30 kilomètres au sud d'Ambato, sur la rive droite de la Betsiboka, légèrement escarpée en ce point.

Après avoir, pendant les journées des 30 et 31 mai, fait reconnaître et frayer un sentier dans la direction du confluent de la Betsiboka et de l'Ipoka, le général Metzinger amena, le 1er juin, sa colonne au point dit des Hauteurs-Dénudées, situé à 8 kilomètres environ au nord du point où il avait projeté de tenter le passage du fleuve. Durant cette marche, il avait été flanqué par la canonnière l'*Infernale*, qui remontait la Betsiboka, parallèlement à la colonne, en remorquant un chaland chargé de vivres.

Les journées du 2 au 5 juin furent employées par le général commandant l'avant-garde à reconnaître et à faire fouiller avec le plus grand soin toute la rive droite de la Betsiboka, depuis le confluent jusqu'au village fortifié d'Amparihibé ; ces reconnaissances avaient non seulement en vue de déterminer le point le plus avantageux pour forcer le passage de la Betsiboka, mais encore de permettre de se renseigner, aussi exactement que possible, sur les dispositions qu'auraient pu prendre les Hovas pour s'opposer à cette opération, qui ne laissait pas de présenter, par elle-même, de très sérieuses difficultés.

Dans la journée du 5 juin, quelques coups de feu furent échangés entre un de nos avant-postes et ceux que l'ennemi avait établis sur la rive gauche de la rivière, près du confluent. Deux de nos tirailleurs ayant été blessés, notre avant-poste fut renforcé et les Hovas, en butte à quelques salves, cessèrent promptement leur feu. Ce même jour, à 5 heures du soir, le général en chef arrivait, à bord de la canonnière la *Brave* ; il visita les bivouacs de l'avant-garde et arrêta immédiatement les dispositions à prendre pour le passage de la Betsiboka, dans la journée du lendemain 6 juin.

La Betsiboka, à l'approche de son confluent avec l'Ikopa, est large de près de 450 mètres; son courant, en quelque sorte endigué entre plusieurs bancs de sable, est fort rapide et un îlot, qui tient à peu près le milieu de la distance entre les deux rives, n'est susceptible, étant entièrement nu, d'offrir aucun abri. La rive droite, où se trouvait notre avant-poste, est sablonneuse et à peu près découverte. La rive gauche, au contraire, présente, après une étroite berge de sable, un terrain couvert d'une sorte de forêt vierge, très épaisse, qui masquait entièrement les mouvements et dissimulait les forces de l'ennemi. Quant au gué, il avait été signalé, dans les reconnaissances antérieures à la campagne, comme très peu sûr et difficilement praticable.

Il était prudent, dans ces conditions, de préparer et d'appuyer, par une démonstration latérale, l'opération du passage direct. Profitant, à cet effet, de la présence de la canonnière *Brave*, qui l'avait amené et dont le mouillage était hors de la vue des Hovas, le général en chef l'employa à transporter, dès le matin du 6 juin, sur la rive gauche de la Betsiboka, une section de la 4ᵉ compagnie du régiment d'Algérie (lieutenant

Simon). Cette section avait ordre de se glisser le long du fleuve, jusqu'en face du confluent, en se masquant derrière les roseaux. Une autre section de la même compagnie s'embarqua ensuite sur la *Brave*.

Pendant ce temps, les trois autres compagnies du 1er bataillon du régiment d'Algérie (légion) et la 15e batterie de montagne s'étaient établis, en position d'attente, à l'abri de quelques buissons, sur la rive droite de la Betsiboka, presque en face du confluent. Un peu après midi, la *Brave* commença à remonter le fleuve ; elle arriva, vers une heure, à hauteur du confluent. Dès qu'il l'aperçut, l'ennemi la prit pour objectif de son tir ; elle riposta avec ses deux pièces de 37 millimètres, pendant que la 15e batterie, démasquée, faisait feu de ses six pièces et que la section postée sur la rive gauche prenait l'ennemi en flanc par des feux de salve.

Devant ces feux convergents, les partis hovas se retirèrent presque immédiatement. Le débarquement de la section d'infanterie, transportée par la *Brave*, put alors s'effectuer sans incident, tandis que le capitaine Aubé, du service des renseignements, suivi du lieutenant de réserve Bénévent, se lançait hardiment, en poussant devant lui un guide sakalave, à travers la rivière et constatait que le gué, dont la profondeur ne dépassait pas alors 1m,20, pouvait, à la rigueur, être pratiqué. Néanmoins, le reste du bataillon et le matériel de la 15e batterie furent transportés dans un chaland remorqué par la canonnière; les chevaux et mulets passèrent seuls à gué.

La journée du lendemain, 7 juin, fut consacrée au passage, dans les mêmes conditions (à l'aide de chalands remorqués par la *Brave* et par une autre canonnière, l'*Infernale*, nouvellement arrivée), du 40e bataillon de chasseurs, de l'état-major du 1er groupe d'artillerie (15e et 16e batteries), de l'état-major de la 1re brigade, du peloton de chasseurs d'Afrique, du 2e bataillon du régiment d'Algérie et du convoi (1).

---

(1) Le reste de la 1re brigade restait provisoirement échelonné comme il suit sur la ligne de communications, savoir : l'état-major et deux compagnies du 3e bataillon d'Algérie au

Le même jour, la colonne poussa jusqu'à Marololo, sur les bords de l'Ikopa, signalé comme le point *terminus* de la navigation de cette rivière pendant la saison sèche. Elle y laissa deux compagnies et son convoi et alla bivouaquer à Mourarive.

Le 8, la colonne atteignit, après une marche difficile, mais qui ne fut pas sérieusement inquiétée, le bivouac de Beratsimanana; de nombreux retranchements et batteries que les Hovas avaient élevés à travers des défilés par lesquels passe le sentier furent facilement tournés. L'ennemi, menacé sur son front et sur ses flancs, les évacua précipitamment, en y laissant une partie de ses bagages.

Le 9 juin, la colonne se mit en route à 6 heures du matin. Au débouché d'un étroit défilé qui barre la piste, peu après Beratsimanana, le général commandant la 1re brigade régla comme il suit les mouve-

---

camp des Hauteurs-Dénudées; les deux autres compagnies à Ambato; le 3e bataillon et l'état-major du 200e à Marowoay; deux compagnies du 2e bataillon à Ankaboka; les autres compagnies de ce bataillon et le 1er bataillon entre Marowoay et Ambato.

ments ultérieurs de ses troupes pour l'attaque de la position Mavetanana.

Le plateau abrupt et allongé suivant la direction N.-S., sur lequel sont établis le village hova et le *rova* fortifié de Mavetanana, s'élève dans un angle formé par les vallées de la Nandrojia et de l'Ikopa qu'il domine de 80 à 100 mètres; des tranchées-abris ou des abris pour tirailleurs isolés bordaient toute la crête de ce plateau qui forme *acropole* et n'est, du reste, abordable que par deux sentiers, très difficiles, situés l'un au nord, l'autre au sud de la position. Deux batteries d'un fort relief avaient été construites par les Hovas au débouché de ces deux sentiers sur le plateau. Une pareille position, si elle eût été défendue avec quelque entente de la guerre et quelque ténacité, n'eût pu être enlevée qu'au prix de longs et coûteux efforts.

En vue de diminuer la faculté de résistance de l'ennemi et en conformité des instructions tactiques du général commandant en chef, le général Metzinger résolut d'attaquer la place par le sud, de façon à menacer immédiatement la ligne de retraite de ses défenseurs. A cet effet, il lança dans cette direction le 2ᵉ bataillon du régiment d'Algérie (tirailleurs algériens), pendant qu'il donnait l'ordre au bataillon de chasseurs de se porter directement, en se reliant avec les tirailleurs, à l'attaque de la batterie sud de Mavetanana. Les 15ᵉ et 16ᵉ batteries de montagne devaient suivre et appuyer par leur feu le mouvement des deux bataillons.

Deux compagnies du 1ᵉʳ bataillon du régiment d'Algérie formaient la réserve ; les daux autres compagnies de ce bataillon restaient comme escorte du convoi, lequel fut arrêté au débouché des défilés de Beratsimanana, sur le chemin conduisant à Suberbieville.

Vers 7 heures du matin, le 2ᵉ bataillon d'Algérie commença son mouvement en se portant sur les hauteurs de la rive droite de la Nandrojia, ayant comme point de direction le sommet d'un plateau boisé, situé sur la rive gauche de la même rivière, à 1.900 mètres à vol d'oiseau de la pointe sud de Mavetanana. Les deux batteries, suivant le mouvement, s'établirent sur un premier piton, à 3.500 mètres environ de la place ; elles ouvrirent aussitôt le feu sur un bois qui constituait le premier objectif du 2ᵉ bataillon de tirailleurs et dans lequel on apercevait quelques partis hovas. Pendant ce temps, les chasseurs du 40ᵉ bataillon, passant à gué la Nandrojia, s'élevaient sur les crêtes de la rive gauche de cette rivière.

Aussitôt que le 2ᵉ bataillon du régiment d'Algérie fut maître du bois qui lui avait été assigné comme premier objectif, les batteries s'y portèrent en échelons et, à peine installées, devinrent le point de mire de l'artillerie ennemie, qui réussit à les encadrer, par son tir, en trois ou quatre coups. Elles ripostèrent promptement, vers 9 h. 1/2 du matin, en ouvrant le feu, contre la batterie nord du rova, avec la hausse de 2.100 mètres et contre la batterie sud, avec celle de 1.850 mètres.

Quelques projectiles à la mélinite, lancés alors (aussitôt que le tir eût été réglé), paraissent avoir produit sur l'ennemi, par le bruit et le vent de leur détonation, un effet moral extraordinaire. Tous les groupes s'enfuirent, épouvantés, vers le sud, avant que le 2ᵉ bataillon algérien, qui s'élevait péniblement de crête en crête, à travers des ravins plus profonds qu'on n'avait pu le supposer, fût en situation de leur couper la retraite. A 10 h. 1/2, les batteries cessaient leur feu et, à 11 heures, le bataillan de chasseurs et une compagnie du 1ᵉʳ bataillon algérien, qui rivalisaient d'entrain dans l'assaut, occupaient simultanément les défenses de Mavetanana, pendant que le 2ᵉ bataillon algérien poursuivait les fuyards de ses feux de salve.

L'avant-garde trouva, dans Mavetanana, que le général Metzinger fit aussitôt occuper par une compagnie du 40ᵉ bataillon de chasseurs, deux canons Hotchkiss de 78$^{m/m}$ (1892), un canon de même fabrication du calibre de 47$^{m/m}$ (1885), deux petites pièces en fonte sur affût en bois, de nombreuses caisses de munitions d'artillerie et d'infanterie, un certain approvisionnement de dynamite, des barils de poudre et plus de deux cents fusils, en majorité Sniders.

A 1 h. 1/2, le convoi qui avait, selon les ordres reçus, continué sa route après la cessation du feu, en contournant par l'ouest la hauteur de Mavetanana, entrait à Suberbieville. L'escorte de ce convoi put arriver à temps pour empêcher l'incendie de la plus grande partie des bâtiments de cet établissement et pour arrêter quelques indigènes qui, une torche à la main, se préparaient à y mettre le feu. Deux hangars-magasins seulement avaient été la proie des flammes.

A 4 h. 1/2, les troupes, sauf la compagnie de chasseurs laissée à la garde de Mavetanana, s'établissaient au bivouac à Suberbieville (1).

---

(1) Suberbieville, situé en plaine, à 12 ou 1.500 mètres, à vol d'oiseau, du rocher de Mavetanana et à 2 kilomètres environ de la rive droite de l'Ikopa, n'est ni une ville, ni même un village. C'est une agglomération de 12 à 15 grandes baraques en maçonnerie, construites en rez-de-chaussée, à la mode anglo-indienne, qui servent de logements et de magasins et sont répartis sur une surface de 2 kilomètres carrés environ. Au centre, est une sorte de villa en bois, à un étage, habitée ordinairement par le propriétaire des établissements et non loin de laquelle a été construite une forge, également en bois. Un canal, creusé de main d'homme, relie la forge à l'Ikopa. Un chemin de fer Decauville, de 4 à 5 kilomètres de longueur, que les Hovas avaient en partie détruit, longe ce canal, traverse Suberbieville et le village indigène de Rangamanasiaka, construit pour loger les travailleurs noirs de l'exploita-

Le lendemain 10, la 4e compagnie du régiment d'Algérie fut envoyée en reconnaissance dans la région mamelonnée qui domine Suberbieville au sud, vers Bezatrana et Behanana, de façon à avoir, si possible, des nouvelles de l'ennemi et à ramener quelques bœufs, qui faisaient presque entièrement défaut à l'avant-garde, depuis le passage de la Betsiboka. Après un court engagement, cette compagnie délogea du premier des hameaux précités un poste d'une quinzaine de Hovas, qui laissa sur le terrain 2 morts, 2 blessés et 2 prisonniers ; elle rentra à Suberbieville le soir même.

Jusqu'au 17 juin, les troupes de l'avant-garde, fatiguées par ces marches et opérations de guerre, presque ininterrompues et très pénibles et dont, au surplus, le ravitaillement (1) eût présenté les plus gran-

---

tion, et se continue, au sud-est, vers un massif de rochers de quartz. A l'ouest et au nord-ouest de Suberbieville, sont deux marais, alimentés par l'Ikopa et qui ne se dessèchent jamais entièrement.

(1) Pendant les huit premiers jours qui suivirent l'occupation de Suberbieville, les officiers et la troupe durent être mis à la demi-

des difficultés si elles s'étaient éloignées davantage de la base fluviale, furent maintenues tant à Suberbieville qu'entre cette place et Marololo. Néanmoins, loin d'y rester inactives, elles procédèrent à l'organisation des cantonnements de Suberbieville et de Mavetanana, à l'installation de la base fluviale de Marololo et commencèrent le travail de construction de la route carrossable, à partir du confluent.

Le 18 juin, un détachement (1) placé sous les ordres du commandant Lentonnet fut dirigé sur Tsarasotra (25 kilomètres au

---

ration. La viande fraîche manquait et on ne put s'en procurer qu'en envoyant en chasse de petits détachements, qui réussirent à ramener quelques bœufs égarés des troupeaux emmenés par les Hovas.

(1) Ce détachement se composait, sous les ordres du commandant Lentonnet, du 2ᵉ bataillon du régiment d'Algérie, moins une compagnie laissée à Suberbieville, d'une section de la 16ᵉ batterie de montagne et d'un peloton de chasseurs d'Afrique. Le capitaine Aubé, du service des renseignements, et le capitaine Pons, de l'état-major du génie, chargés spécialement de la reconnaissance technique de la route, furent adjoints au commandant Lentonnet.

sud de Suberbieville), en vue de chasser de ce village l'arrière-garde que, d'après les renseignements recueillis, l'ennemi y avait laissée et de protéger les reconnaissances et les travaux de route. Ce détachement, en arrivant, le 19 juin, à Tsarasotra, le trouva évacué. Le commandant Lentonnet n'y conserva qu'une compagnie, l'artillerie et la cavalerie et fit rétrograder immédiatement sur Behanana les 5e et 7e compagnies, de façon à mieux assurer sa liaison avec Suberbieville.

Toutes les autres troupes de la 1re brigade, moins le 200e, encore retenu autour de Marowoay, à cause de la difficulté du ravitaillement de l'avant-garde, restèrent échelonnées entre Marololo et Suberbieville, pour procéder à l'ouverture de la route. Le général commandant en chef avait également réuni, à la date du 17 juin, le personnel de son quartier général à Suberbieville, où il devait temporairement stationner et où fut aussi établie, dans 4 ou 5 des baraques de l'établissement Suberbie, l'ambulance active n° 1, seule formation sanitaire qui eût, jusque-là, pu suivre l'avant-garde.

C'est de Suberbieville, dans les premières semaines qui suivirent l'installation du quartier général, que furent successivement notifiées à tous les corps et services du corps expéditionnaire les dispositions à prévoir en vue :

1º De la constitution des postes de la ligne d'étapes et de l'organisation du commandement sur les territoires situés dans la zone de l'arrière ;

2º De l'organisation des convois de ravitaillement, soit par terre, soit par eau, entre Majunga et Suberbieville ;

3º Enfin, de la concentration, entre Marololo, Suberbieville et au delà de ce point, des troupes du corps expéditionnaire pour la construction de la route carrossable et la reprise de la marche en avant sur Tananarive.

Ces prescriptions étaient en cours d'exécution quand les Hovas se décidèrent, le 29 juin, à prendre l'offensive contre notre poste avancé de Tsarasotra.

Une reconnaissance poussée, le 24 juin, sur le mont Beritzoka (à 11 kilomètres de Tsarasotra) n'avait pas rencontré le moindre poste ennemi, dont le gros, d'après les renseignements recueillis, occupait les environs d'Ampasiry. Néanmoins, le 28, vers 9 heures du soir, le petit poste de tirailleurs algériens qui gardait, sur la face est, le camp de Tsarasotra, se vit brusquement menacé par un groupe assez nombreux; ce petit poste, après avoir riposté vivement, battit lentement en retraite derrière un pli de terrain pour ne pas être cerné. Une patrouille envoyée à son secours vint bientôt rendre compte que l'ennemi s'était replié; vers 10 h. 1/2 du soir, en effet, au coucher de la lune, tout rentra dans le silence.

Le 29, au moment où le jour, dont l'arrivée est toujours brusque en pays tropical, commençait à peine à naître (vers 5 h. 3/4 du matin), plusieurs centaines de Hovas, débouchant en colonne profonde d'un sentier qui longe l'Ikopa, vinrent se glisser dans un ravin escarpé qui s'étend au sud du petit plateau de Tsarasotra (1), escala-

---

(1) Tsarasotra, dont l'altitude est de 270 mètres environ, occupe, à petite distance de la rivière, un mamelon isolé, dominé seulement du côté de l'est par une série de hauteurs qui atteignent rapidement la cote 320, puis la cote 500.

dèrent les pentes du versant droit de ce ravin et ouvrirent inopinément, à la distance de 300 ou 400 mètres, un feu très vif sur le camp, en même temps qu'ils cherchaient à l'envelopper par l'ouest.

La 6e compagnie du régiment d'Algérie, que venaient de prévenir les sentinelles et les petits postes, se déploya immédiatement, trois sections face au sud, une section en réserve.

La section d'artillerie se mit également en batterie, face au sud, et tira à mitraille sur les Hovas; le peloton de cavalerie (lieutenant Corhumel) fut affecté à la garde de la droite du camp, face à l'Ikopa.

Devant ces dispositions, rapidement prises par le commandant Lentonnet, l'attaque parut se ralentir. Mais, vers 6 h. 1/4, une autre colonne hova, descendant du Beritzoka, déboucha à son tour sur les pentes inférieures d'un mamelon, coté 320, qu'occupait un poste détaché et chercha à l'envelopper.

Afin de faire échouer cette manœuvre et de mettre fin à une fusillade sur place qui menaçait de se prolonger et avait déjà causé des pertes assez sensibles (1), le commandant Lentonnet n'hésita pas à donner l'ordre à la section de réserve de pousser, sous le commandement du capitaine Aubé, une contre-attaque à la baïonnette sur le sentier du Beritzoka. En même temps, la section du sous-lieutenant indigène Kacy exécutait, vers le sud, du côté de l'Ikopa, une autre contre-attaque. Il était alors environ 7 h. 1/2 du matin.

La dernière de ces contre-attaques eut un succès immédiat et complet; l'ennemi attaqué à la baïonnette se replia en toute hâte vers l'est, en laissant 30 cadavres sur le terrain. Durant ce temps, le capitaine Aubé conduisait la première contre-attaque avec la plus grande vigueur. Cet officier et sa troupe s'élancèrent au pas gymnastique contre l'ennemi, le mirent en fuite et, remontant derrière lui les pentes qui dominent Tsarasotra à l'est (à 1.800 mètres du camp), les couronnèrent immédiatement. A 8 h. 1/2 du matin, le poste

---

(1) Les débuts du combat nous avaient coûté 1 officier (lieutenant Augey-Dufresse) et 1 caporal tués; 1 sergent, 4 tirailleurs algériens et 1 artilleur blessés.

de Tsarasotra se trouvait, en fait, complètement dégagé.

Mais, alors, une troisième colonne ennemie, avec de l'artillerie, fut signalée descendant du mont Beritzoka et marchant contre la section du capitaine Aubé. Le commandant Lentonnet renforça successivement cette section de deux autres demi-sections et des deux pièces de la section d'artillerie ; mais, les munitions d'infanterie commençant à manquer, il ne fut pas possible de donner aux feux de salve toute l'intensité désirable.

A ce moment (vers 9 h. 45), arrivaient de Behanana, sous les ordres du capitaine Pillot, la 7e compagnie et un peloton de la 5e compagnie du régiment d'Algérie, que cet officier, averti par le bruit du canon. avait, sans attendre l'ordre de rallier son chef de bataillon (qu'il reçut peu après), rassemblés pour les diriger sur Tsarasotra. L'entrée en ligne de cette troupe fraîche, aussitôt envoyée vers l'est, à l'appui du capitaine Aubé, suffit à faire reculer les lignes avancées de l'ennemi jusqu'aux sources de la Nandrojia (à 4 kilomètres environ du mamelon coté 320). Le gros du corps hova, qui se replia en même temps, parut alors dresser son camp sur le plateau boisé qui couronne le mont Beritzoka. Il était midi et demi. La 7ᵉ compagnie fut établie en grand'garde à la cote 320 ; le reste des troupes rentra à Tsarasotra.

Dans les différentes actions de cette journée du 29 juin, l'ennemi avait subi des pertes sérieuses (1); il n'en demeurait pas moins à peu près sur ses positions et pouvait se targuer d'un demi-succès.

Pendant que cette action se déroulait, le général Metzinger, qui venait d'arriver à Behanana, en reconnaissance personnelle, avait reçu le premier compte rendu du commandant Lentonnet; il l'avait immédiatement transmis au général en chef, qui le reçut, à Suberbieville, à 10 h. 20 du matin. Le 40ᵉ bataillon de chasseurs venait de rentrer à son camp, pour la soupe, après avoir terminé, sur la route, le travail de construction du matin. Le général commandant en chef, qui ne disposait sur place d'aucune autre troupe d'infanterie,

---

(1) 200 hommes, au moins, tués, blessés ou disparus, d'après le récit des prisonniers.

lui prescrivit, ainsi qu'aux deux dernières sections de la 16e batterie, de se diriger immédiatement sur Tsarasotra.

A midi et demi, par une chaleur de 32°, le bataillon, à l'effectif de trois compagnies (la 4e compagnie restant à la garde de Mavetanana), se mit en route, suivi par la 16e batterie. Après une grande halte de deux heures, faite à la tombée du jour, à Behanana, le bataillon arriva à 11 heures du soir, à Tsarasotra, où l'artillerie, à laquelle le général Metzinger s'était joint à son passage à Behanana, l'avait précédé d'environ une heure.

Mis au courant de la situation, cet officier général résolut, malgré la fatigue de la troupe, d'attaquer l'ennemi dès le lendemain matin sans attendre l'arrivée de nouveaux renforts (1).

---

(1) Cette résolution, très judicieuse et très militaire, qui fait honneur au général Metzinger, s'inspirait des considérations suivantes : ou l'ennemi, son coup manqué, allait se retirer et il fallait hâter le mouvement, si on voulait l'atteindre ; ou il comptait s'installer sur le Beritzoka et il importait de ne pas lui laisser le temps de se retrancher sur cette position, déjà

Le 30, à 6 heures du matin, une colonne composée de : 1 peloton de la 5ᵉ compa-

---

naturellement très forte. Dans l'un comme dans l'autre cas, il convenait d'agir vite. Il paraissait, en outre, avantageux de prouver aux Hovas que nous ne nous laissions pas surprendre et que toute attaque de leur part était suivie d'une riposte immédiate et vigoureuse.

D'après les renseignements fournis par les prisonniers, les troupes malgaches étaient commandées par Rainianzalahy, 14ᵉ honneur, récemment appelé au commandement en chef, mais qui gardait comme lieutenants Ramazombazaha et Rafarlahibohana. Descendues en grande partie du plateau central, ces troupes s'étaient concentrées, le 24 juin, à Malatsy, avec quatre canons à tir rapide. Leur effectif était d'environ 5.000 hommes. La colonne ennemie entière s'était réunie, le 28, à Antanimbarindratsotsoraka ; à la nuit tombante, 1.200 hommes étaient partis pour bivouaquer, les uns, sur les bords de l'Ikopa, les autres, sur le plateau qui domine à l'est Tsarasotra. C'est ce dernier groupe dont un parti avancé s'était heurté à nos avant-postes, le 28 au soir. L'objectif des Hovas était de s'emparer du camp de Tsarasotra, qu'ils croyaient à peine gardé et de marcher contre Mavetanana-Suberbieville, de façon à envelopper notre avant-garde, en utilisant, à cet effet, le bord de l'Ipoka, la route directe et la haute vallée de la Naudrojia.

gnie et 1 peloton de la 8e compagnie du régiment d'Algérie, l'état-major et 3 compagnies du 40e bataillon de chasseurs et 2 sections de la 16e batterie, sortit de Tsarasotra sous les ordres directs du général Metzinger. Le camp restait gardé par la 6e compagnie du régiment d'Algérie et par une section d'artillerie ; le peloton de chasseurs d'Afrique assurait les communications entre la colonne, Tsarasotra et Suberbieville.

A 6 h. 40, la colonne atteignit la cote 320, où la 7e compagnie du régiment d'Algérie, en grand'garde depuis la veille, se joignit au mouvement, en prenant la gauche, comme soutien de l'artillerie et réserve générale. A 7 h. 20, la colonne atteignait le pied d'une pente abrupte, couverte de buissons, à travers lesquels elle dut aménager un sentier muletier pour le passage de l'artillerie. Durant ce temps, sous la protection de l'avant-garde, le général Metzinger procédait à la reconnaissance des positions ennemies.

Le gros du rassemblement hova en avant de Beritzoka sembla alors se retirer vers les crêtes. Les deux pelotons des 5e et 8ᵉ compagnies de tirailleurs algériens reçurent l'ordre de poursuivre leur marche, de franchir la Nandrojia un peu en aval de sa source, puis, de s'élever sur la croupe qui borde la rive droite du torrent et d'y attendre, en halte gardée, l'arrivée de l'artillerie et du bataillon de chasseurs.

A 8 h. 15, retentirent les premiers coups de fusil, tirés par quelques éclaireurs hovas, au moment où cette avant-garde passa la Nandrojia. Les deux pelotons n'en gagnèrent pas moins la position qui leur avait été indiquée et sur laquelle ils furent bientôt rejoints par le 40ᵉ bataillon de chasseurs, dont le commandant (lieutenant-colonel Massiet du Biest) prit la direction de la ligne de combat.

Celle-ci comprenait les deux pelotons de tirailleurs et une compagnie de chasseurs formant la première ligne, les deux autres compagnies de chasseurs suivant en réserve. L'artillerie, retardée par les difficultés du terrain, n'avait pu encore rejoindre.

A 8 h. 50, l'artillerie hova ouvrit le feu, à bonne portée, sur notre première ligne, qui continua de s'avancer sans riposter.

De toutes les crêtes, de tous les rochers, derrière lesquels s'abritent l'ennemi, partit alors une fusillade nourrie qui nous causa quelques pertes, mais ne ralentit pas davantage la marche.

Pendant ce temps, notre artillerie arrivait, enfin, sous la protection de la 7e compagnie, prenait position et ouvrait le feu, à 2.500 mètres, sur l'artillerie hova, qu'elle ne tarda pas à réduire au silence. Les tirailleurs et les chasseurs continuant leur marche arrivaient alors à 200 mètres des tirailleurs ennemis; ils s'arrêtèrent, fournirent quelques feux de salve, qui déterminèrent un mouvement de recul accentué et, reprenant la marche, à 9 h. 30, s'élancèrent, la baïonnette au canon, vers la crête du plateau.

A la sonnerie de la charge, ils abordèrent très crânement les Hovas et les rejetèrent vivement en arrière. Ceux-ci essayèrent bien de résister à gauche et tentèrent même, de ce côté, un retour offensif; mais, après un court corps à corps, dans lequel le lieutenant Grass, du régiment d'Algérie, tua un de leurs chefs d'un coup de revolver, ils s'enfuirent de toutes parts en descendant les pentes sud de la montagne, poursuivis par des feux de salve qui activèrent leur déroute et leur firent encore éprouver des pertes sensibles.

Vers 10 heures, une des deux sections d'artillerie, parvenue à son tour et grâce à d'énormes efforts sur le plateau, achevait la poursuite en tirant sur la colonne ennemie, qui s'était, tant bien que mal, reformée au fond de la vallée, fort étroite en cet endroit, et défilait, compacte, à la distance de 2.500 à 3.000 mètres.

A 10 h. 20, le feu avait entièrement cessé. L'ennemi laissait entre nos mains, dans deux camps qu'il avait dû abandonner, 450 tentes, le drapeau du commandant en chef, 2 canons Hotchkiss complets, 2 autres affûts de canons Hotchkiss, beaucoup de munitions d'artillerie, des fusils, toute la correspondance du commandement, une assez grande quantité de riz et des approvisionnements de diverses sortes (1).

---

(1) Ses pertes en tués et blessés ont dû être considérables; elles n'ont pu être évaluées, même approximativement.

De notre côté, nous eûmes 1 officier blessé.

Tels furent les combats des 29 et 30 juin, dans lesquels nos troupes montrèrent, à la fois, beaucoup d'esprit de discipline, de fermeté au feu, d'entrain et d'endurance. Notre succès dans ces deux combats fut très important, moins en raison des pertes numériques, cependant très sensibles de l'ennemi et des résultats immédiats obtenus par nous, que parce qu'il désorganisa, pour un temps assez long, les moyens de défense rapprochée de nos adversaires et les rejeta jusque vers la plaine d'Andriba, à plus de 80 kilomètres dans le sud de Suberbieville (1).

(lieutenant Audierne), 1 officier contusionné (capitaine de Bouvier), tous deux du 40ᵉ bataillon de chasseurs, et 8 hommes de troupe blessés, tant des chasseurs à pied que des tirailleurs.

(1) A la suite des combats des 29 et 30 juin, le général commandant en chef cita à l'ordre du corps expéditionnaire : MM. le commandant Lentonnet, le lieutenant Grass, les sergents Chéreau, Moktar ben Daïf et Brochet, les caporaux Redersdorf et Mohamed M'ahmed, du régiment d'Algérie ; le capitaine Delanney, du 40ᵉ bataillon de chasseurs ; le lieutenant Corhumel, le maréchal des logis Millet, le brigadier Clavère, du 10ᵉ escadron de chasseurs

Désormais, l'installation de notre base fluviale, point de départ des convois de ravitaillement par voitures, la constitution en ce point des approvisionnements et les travaux de construction de la route carrossable pouvaient, sans qu'il n'y ait plus à craindre de menace sérieuse, sur le front ni même sur le flanc de notre ligne de communications, être entrepris avec sécurité et poussés activement.

Les conditions dans lesquelles furent exécutés ces différents travaux d'organisation, de si haute importance au point de vue de la marche ultérieure des opérations, ont déjà fait l'objet d'un exposé sommaire qui dispense d'y revenir. On se bornera donc, pour expliquer la marche des troupes et faire mieux comprendre les motifs impérieux de la lenteur de cette marche, à rappeler comment dut être entreprise et continuée la construction de la route carrossable.

Jusqu'au 9 juin, jour de la prise de Ma-

---

d'Afrique ; le capitaine Chambley et le maréchal des logis Lesage, de la 16ᵉ batterie ; le capitaine Aubé, du service des renseignements.

vetanana, le général commandant en chef, préoccupé avant tout d'obtenir cet important résultat, n'avait pas craint de lancer son avant-garde fort en avant, sans attendre la constitution complète du corps expéditionnaire et sans subordonner ses mouvements à l'état d'avancement de la route carrossable. Il y avait grand intérêt, en effet, à ce que nous fussions maîtres, le plus tôt possible, du cours de la Betsiboka, dans toute sa partie navigable et à ce que nous nous assurions promptement le bénéfice moral de cette prise de possession rapide.

Mais il avait fallu, pour obtenir ce résultat, consacrer au ravitaillement de l'avant-garde les trop rares moyens de transport fluviaux dont on pouvait encore disposer et beaucoup sacrifier à l'absolue nécessité de faire vivre les troupes du général Metzinger. Le commandement avait dû, par suite, régler les mouvements de toutes les unités qui ne constituaient pas l'échelon de première ligne, de façon à opérer leur ravitaillement, soit à l'aide des caboteurs de mer, soit par convois de voitures, c'est-à-dire les échelonner entre Majunga et Marowoay (et un peu plus tard Amboto), le long de la route carrossable, en les poussant successivement en avant, au fur et à mesure de l'avancement des travaux de cette route.

Ces travaux, entrepris, dès le 13 mars, par la 11e compagnie du génie, assistée de 90 coolies et de quelques tirailleurs malgaches, n'avaient pu être poussés très activement pendant les mois de mars et d'avril, en raison de l'état climatérique, de l'insécurité du pays et de l'insuffisance de la main-d'œuvre.

C'est seulement en mai que le débarquement des 13e et 14e compagnies du génie et celui des Sénégalais de la 6e compagnie *bis* du train permirent de donner à ces travaux une impulsion assez active pour que la route de Majunga à Marowoay (80 kilomètres) et le pont sur la rivière de ce nom pussent être achevés, le 7 juin. On avait, en même temps, procédé, le long de la route, à l'installation d'une double ligne de télégraphie optique et électrique (1), qui

---

(1) Malgré le luxe de matériel télégraphique dont était pourvu le corps expéditionnaire, ce service n'a donné, pendant et après l'expédi-

relia bientôt Morowoay à la base maritime (1).

tion, que d'assez médiocres résultats. Cette observation s'applique surtout à l'emploi de la ligne de télégraphie électrique, qui fut difficile et longue à établir et dont le rendement, entre Majunga et le mont Beritzoka, où la construction fut arrêtée, demeura à peu près nul. L'explication de cet échec, qui ne saurait être imputé au service du génie que dans la mesure où il avait pu dépendre de ce service de doter le corps expéditionnaire d'un personnel suffisant de télégraphistes exercés, a eu surtout des causes matérielles.

Le matériel de campagne de télégraphie électrique, notamment les perches en bambou et les isolateurs en ébonite, adoptés à cause de leur légèreté et de la facilité de leur transport, ne convenait guère pour Madagascar. Les isolateurs, notamment, se dégradèrent très vite, sous l'action d'un soleil intense; quant aux perches, trop légères pour résister aux chocs, elles étaient, à tous moments, renversées sur le passage des animaux de bât, des voitures et surtout des troupeaux de bœufs.

Ajoutons que la ligne télégraphique électrique eut encore d'autres ennemis : les conducteurs auxiliaires, qui se faisaient rarement scrupule de s'emparer d'un bambou renversé pour remplacer un brancard de voiture Lefebvre cassé et les indigènes, qui faisaient volontiers des razzias de fil métallique, — sans par-

(1) Voir la note à la page 152.

Dès le 8 juin, lendemain du jour où la communication par voitures se trouva ouler des fréquents incendies de brousse, qui détruisirent, à plusieurs reprises des kilomètres entiers de ligne.

La ligne de télégraphie optique a, heureusement, donné des résultats meilleurs, sans qu'ils fussent, cependant, très satisfaisants et c'est grâce à elle, en somme, que le général commandant en chef a pu, jusqu'après la prise de Tananarive, demeurer en communications semi-rapides avec la métropole.

En ce qui la concerne, les difficultés provinrent, d'une part, de la topographie du pays où de fréquentes lignes de relief, transversales à la direction de marche, obligèrent à créer beaucoup plus de postes qu'on n'avait pu le prévoir et à l'état sanitaire des télégraphistes. Ces hommes, trop jeunes, demeurant isolés, par groupes de trois à quatre, succombèrent très vite à la fièvre et, plus encore à la nostalgie et il n'était pas rare de trouver dans certains postes un homme à peine qui fût physiquement capable de fournir ce service, d'autant plus pénible qu'il ne peut guère être utilement assuré que la nuit.

On doit faire remarquer encore que, contrairement aux prévisions, Madagascar est un pays de brumes nocturnes, très intenses, surtout dans la région des hauts plateaux et que, par ce fait, les communications optiques se trouvèrent, quelquefois, interrompues pendant plusieurs nuits consécutives.

verte entre Majunga et la rive gauche de la Marowoay, le bataillon malgache du régiment colonial (2e brigade), demeuré jusque-là à la garde des positions conquises les 2 et 17 mai, fut poussé sur cette rive, à hauteur du plateau d'Ankarafantsika, pour continuer les travaux de route, sous la direction et avec le concours de la 11e com-

---

(*Note de la page* 130). — En vertu d'une convention passée pas l'Etat avec la compagnie française des téléphones, cette compagnie a immergé un câble sous-marin entre Majunga et Mozambique, où ce câble a été rattaché aux lignes établies par les compagnies anglaises Eastern et Western, qui relient l'Europe à l'Afrique, par l'une ou l'autre des côtes, est à ouest, de ce continent.

Les travaux d'immersion ont été conduits par M. l'ingénieur Desriès, qui disposait, à cet effet, du navire *François-Arago* et d'un nombreux personnel d'ingénieurs et d'électriciens.

Conformément aux clauses du contrat, les communications télégraphiques entre Majunga et la métropole, par le canal de Mozambique, ont été ouvertes le 1er avril et, depuis cette date jusqu'à celle du 29 janvier 1896, jour du passage du général en chef à Majunga, ce câble a fonctionné sans interruption et sans aucun accident.

Ces heureux résultats ont été dus, pour une

pagnie du génie ; à la date du 28 juin, cette route était devenue praticable pour les voitures jusqu'à Ambato.

Dès lors, il devenait possible de faire effectuer un bond en avant au gros du corps expéditionnaire, qui fut mis en marche en conséquence et se trouva concentré, le 9 juillet, à Ambato, à l'exclusion seulement des éléments affectés au service des étapes.

L'espoir de pouvoir charger exclusivement de l'énorme travail de route les compagnies du génie, assistées d'une faible proportion d'auxiliaires noirs, était alors devenu si irréalisable, qu'il fallut non seulement, comme il a déjà été dit, faire appel aux troupes indigènes, mais même confier une partie de ces pénibles travaux aux troupes blanches du corps expédition-

---

très grande part, au zèle et à l'expérience de M. l'ingénieur des télégraphes Desriès, de son adjoint M. le sous-ingénieur Devaux, qui a remplacé son chef après la rentrée en France de celui-ci, et des agents du service général des télégraphes attachés au bureau télégraphique de Majunga.

Un second câble a été laissé en dépôt à Majunga, prêt à être immergé, dans le cas où le premier viendrait à se rompre.

naire. Le général Voyron, commandant la 2ᵉ brigade, fut invité, en conséquence, à échelonner ses troupes entre Ambato et le confluent de la Betsiboka, de façon qu'elles entreprissent simultanément, sur plusieurs points, la construction de la route; celles de ces troupes qui ne pourraient être ravitaillées par voie de terre devaient l'être par voie fluviale, la route longeant, sur la plus grande partie de son cours, dans cette région, le cours de la Betsiboka.

Pendant ce temps, un détachement de la 12ᵉ compagnie du génie construisait en quelques jours un pont à la Birago, de 120 mètres, sur le Kamoro.

Ces divers travaux ayant été activement poussés et devant être terminés vers la mi-juillet, la 2ᵉ brigade reçut l'ordre de se concentrer, aussitôt après, au camp des Hauteurs-Dénudées, où elle se trouva réunie, le 17 juillet, prête à franchir la Betsiboka sur le pont que la 13ᵉ compagnie du génie avait achevé de construire, le 14 juillet (1).

---

(1) Lorsque ce pont fut terminé, le 14 juillet, au prix des plus grands efforts, la 13ᵉ compa-

De son côté, la 1ʳᵉ brigade, comme il a déjà été indiqué, avait, dès le 10 juin, entrepris les travaux de route entre le confluent et Tsarasotra et toute cette section de route était également achevée pour le 14 juillet.

Une route praticable aux voitures reliait donc, sans discontinuité, Majunga, à notre pointe d'avant-garde, au Beritzoka, sur une longueur qui atteignait déjà près de 250 kilomètres. Par suite, Marololo pouvait être à la fois ravitaillé par terre et par eau et il devenait possible d'y accumuler les approvisionnements nécessaires pour la marche ultérieure en avant. La tête d'étapes était ainsi constituée; tous les éléments mobiles du corps expéditionnaire s'y trouvant, d'autre part, à peu près concentrés, la reprise de la marche en avant devenait possible et fut ordonnée sans retard.

---

gnie du génie ne comptait plus que 40 hommes de troupes valides sur un effectif initial de 195 hommes.

4⁰ **Opérations du corps expéditionnaire jusqu'au départ de la colonne légère (14 juillet-14 septembre 1895).**

Le terrain sur lequel le corps expéditionnaire allait opérer, pendant cette quatrième phase de la campagne, se présentait sous un aspect sensiblement différent de celui de la région parcourue le long du cours inférieur de la Betsiboka.

Au lieu de vastes plaines marécageuses ou de longs plateaux boisés, bordés de rivières larges, profondes et vaseuses, l'œil ne découvre plus guère, au sud de Suberbieville, surtout à partir du mont Beritzoka, qu'une succession, un chaos, de collines d'argile rougeâtre, enserrées par de hautes crêtes, pour la plupart rocheuses, à travers lesquelles s'écoulent, en multiples cascades, des torrents de largeur variable, sans profondeur et à fond rocailleux.

Ces crêtes rocheuses, en suivant la direction N.-S., sont au nombre de trois, savoir :

1º Quand, de Mavetanana, on étudie le pays vers le sud, on voit l'horizon barré par une première ligne de crêtes, orientée est-ouest, d'une altitude moyenne de 500 mètres et dont le sommet du Beritzoka forme le massif principal. Les combats des 29 et 30 juin nous avaient rendus maîtres de ce premier obstacle.

A partir du Beritzoka, dans la direction du sud, on aperçoit une région très mamelonnée, d'une altitude moyenne de 400 mètres, où l'œil a quelque peine à suivre la ligne de faîte qui sépare la vallée de l'Ikopa et celles de ses affluents immédiats, de celle du Randriantoana, principale rivière de cette zone, dont les eaux vont se jeter dans la Betsiboka.

2º La Randriantoana prend sa source dans le massif dit des petits Ambohimenas. Ce massif, orienté nord-ouest-sud-est et dont la cote moyenne varie entre 800 et 900 mètres, constitue la deuxième ligne de crêtes qui barre la route de Marololo à Tananarive; il sépare la vallée ou, pour mieux dire, la faille où coule le Randriantoana de celle du Kamolandy, affluent de l'Ikopa.

Comme on le verra, les Hovas ne voulurent ou ne purent tirer parti des escarpements de ce massif pour s'opposer à notre marche ; ils se bornèrent à y installer quelques avant-postes.

3° Enfin la troisième ligne de crêtes (qui sépare les eaux du Kamolandy de celles du Mamokomita — plaine d'Andriba) est constituée, à la fois, par le mont Andriba (1.200 mètres) et par les monts Hiandrereza et Ambohijavona, qui se relient au mont Andriba par une série de hauts mamelons argileux, dont la cote moyenne varie entre 600 et 800 mètres.

C'est sur cette troisième ligne que les Hovas, après leur défaite du Beritzoka, s'étaient retirés et avaient accumulé tous leurs moyens de défense.

Une première difficulté se présentait : celle de déterminer, dans ce terrain chaotique, au sud de la chaîne du Beritzoka, le tracé à donner à la route carrossable. Après de nombreuses et laborieuses recherches (1), au lieu de choisir la ligne la

---

(1) Ces reconnaissances furent effectuées par une brigade dite de tracé, composée de MM. les capitaines Pons et Digue, du génie, qu'assistaient le capitaine Aubé, le lieutenant de ré-

plus directe, le général en chef fut amené à adopter un tracé déviant légèrement vers l'est. Ce tracé gravissait les pentes du Beritzoka, suivait ensuite la ligne de faîte qui sépare les affluents de l'Ikopa du cours du Randriantoana, atteignait cette dernière rivière et la traversait vers Andjiéjié ; il la remontait ensuite, à flanc de coteau, sur la rive gauche, jusqu'à sa source dans le massif des Ambohimenas. De là, la route devait gagner Andriba par la vallée du Kamolandy et par le col qui relie le pic d'Andriba au mont Hiandrereza.

C'est le 15 juillet que les trois bataillons du régiment d'Algérie et le 40e bataillon de chasseurs entreprirent la construction de la route, au delà de Tsarasotra. A la date du 31 juillet, un nouveau tronçon était ouvert jusqu'à mi-chemin entre le Beritzoka et Andjiéjié (1) ; à cette même date,

---

serve Bénévent, du service des renseignements, et M. Haberer, ex-agent voyer de la maison Suberbie.

(1) Par la note collective du 30 juillet, qui réglait les mouvements alternatifs des deux brigades, le général en chef avait également constitué sur de nouvelles bases les divers élé-

conformément aux ordres du commandement, les troupes de la 2ᵉ brigade, dépassant celles de la 1ʳᵉ brigade, atteignaient (2 août), à Antsiafabositra, le pied des petits Ambohimenas, de manière à prendre, à leur tour, la tête de la marche et des travaux de route.

---

ments appelés à participer à la marche en avant, de manière à les rendre aussi mobiles que possible.

La 1ʳᵉ brigade devrait comprendre 5 bataillons (40ᵉ bataillon de chasseurs, 3 bataillons d'Algérie, 3ᵉ bataillon du 200ᵉ).

La 2ᵉ brigade, 4 bataillons (1ᵉʳ et 3ᵉ bataillons du 13ᵉ de marine, bataillon malgache et bataillon haoussa, du régiment colonial).

Un demi-escadron de cavalerie (capitaine Aubier) était rattaché à la brigade de tête.

L'artillerie (8ᵉ, 9ᵉ et 16ᵉ batteries de montagne, une section de la 17ᵉ batterie montée, une section mixte de munitions), le génie (11ᵉ et 13ᵉ compagnies); le service de santé (ambulances n° 1 et n° 2); enfin, certains éléments du train, restaient sous les ordres directs du général en chef pour être affectés, suivant les besoins, à l'une ou à l'autre des brigades.

Les autres troupes du corps expéditionnaire et tout le reste du train étaient échelonnés, le long de la ligne d'étapes, de manière à assurer les communications avec l'arrière.

Lors de l'arrivée de la 2e brigade à Antsiafabositra, son avant-garde fut saluée par quelques coups de fusil que lui tirèrent plusieurs petits partis hovas embusqués le long des premières pentes des Ambohimenas. D'autre part, diverses reconnaissances effectuées par les troupes de la 2e brigade les 4, 6, 8, 13, 15 et 16 août, tant dans le massif des petits Ambohimenas que jusque vers Soavinandriana, signalèrent l'existence de nombreuses tranchées et trous de tirailleurs isolés, construits par les Hovas, et celle de nombreux camps, à la vérité, en partie abandonnés. Les partis hovas se contentaient de surveiller les mouvements de nos troupes et se repliaient ordinairement devant elles après avoir brûlé quelques cartouches.

Cependant, la reconnaissance dirigée contre Soavinandriana, le 16 août, rencontra une résistance inusitée. Les trois pelotons qui l'exécutèrent, sous le commandement du chef de bataillon Borbal Combret, du 13e régiment d'infanterie de marine, réussirent à couper la retraite à l'arrière-garde ennemie, qui laissa sur le terrain neuf cadavres, dont celui du gouverneur militaire du district. De notre côté, un seul soldat du bataillon malgache avait été blessé.

Le 15 août, la route, après avoir escaladé les pentes abruptes de la partie orientale des Ambohimenas, avait atteint la cote 750 ; mais, à 3 kilomètres au delà de cette première crête, se trouvait une dépression d'une profondeur de 150 mètres. La construction de la route, le long des versants à forte pente de cette dépression, exigeait un déblai de plus de 6.000 mètres cubes. Les deux brigades furent concentrées en ce point, pour accélérer cet énorme travail, qui fut achevé en quatre jours.

Le 20 août, la 2e brigade (4 bataillons, demi-escadron de cavalerie, 9e batterie de marine, 13e compagnie du génie) fut poussée en avant, vers la cote 860 et vint couronner le sommet des pentes sud des petits Ambohimenas.

Il résultait des nombreuses reconnaissances effectuées par les troupes du général Voyron et des renseignements fournis par quelques prisonniers que les Hovas occupaient fortement, au nombre d'au moins 5.000 hommes, sous les ordres de Rainianjalahy, la troisième ligne de crêtes dont il a été question plus haut, entre le pic d'Andriba et le mont Hiandrereza. L'ennemi avait quatre ouvrages armés d'artillerie, dans le col (large de 3.800 mètres) situé à l'est du pic d'Andriba, deux ou trois ouvrages sur le pic lui-même et trois autres ouvrages sur les pentes du mont Hiandrereza.

Le général en chef résolut de brusquer une attaque que l'ennemi, parfaitement renseigné sur la lenteur de nos travaux de route, ne devait pas attendre si prompte. Il prescrivit, en conséquence, au général Voyron de porter sa brigade en avant, le 21 août(1). Un sentier muletier avait été

---

(1) Les troupes placées sous les ordres directs du général Voyron comprenaient, outre les 4 bataillons d'infanterie, la 9ᵉ batterie d'artillerie de marine, 1 peloton de cavalerie, la 13ᵉ compagnie du génie et une section d'ambulance. De plus, le général en chef emmenait avec lui, comme réserve, le 1ᵉʳ bataillon du régiment d'Algérie, la 8ᵉ batterie d'artillerie de marine et une section de la 17ᵉ batterie mon-

ouvert, dès la veille, pour faciliter la descente de la haute falaise des petits Ambohimenas, dans la vallée du Kamolandy.

Etant données les difficultés du terrain et la température élevée, le général en chef avait indiqué au général Voyron, comme objectif extrême à atteindre dans la journée du 21, le hameau d'Ambontona, assis sur les premiers contreforts du pic d'Andriba, réservant, dans sa pensée, pour la journée du 22, l'attaque des lignes fortifiées construites par l'ennemi.

Conformément à ce programme, le général Voyron s'avança, en deux colonnes séparées, par le cours du Kamolandy. Le général en chef suivait, de sa personne, avec une réserve composée du 1er bataillon du régiment d'Algérie, de la 8e batterie d'artillerie de marine et d'une section de campagne; cette réserve marchait à quelques kilomètres de distance, derrière la colonne de droite.

Vers 11 h. 1/2 du matin, les avant-gardes

---

tée. Malgré d'énormes efforts, cette dernière section ne put suivre le mouvement et dut être renvoyée en arrière dans la matinée du 21.

des deux colonnes formées par la 2ᵉ brigade arrivèrent en face du village d'Ambodiamontana ; accueillies par une fusillade assez vive, mais peu prolongée, elles s'élancèrent, sans tirer et, d'un bond, enlevèrent le village. La pointe d'avant-garde de la colonne de gauche (bataillon malgache), poussant plus avant encore, s'établit dans le village d'Ambontona, qui domine le premier de 90 mètres, à la distance d'environ 3 kilomètres.

Sous la protection de cette avant-garde, transformée de fait en poste avancé, les autres troupes de la 2ᵉ brigade établirent, à 1 heure de l'après-midi, leurs bivouacs à hauteur d'Ambodiamontana ; la réserve resta sur la rive du Kamolandy, à 2 kilomètres en arrière.

Aucune agitation ne s'était manifestée, durant ces mouvements, dans les camps et postes hovas de la ligne de défense, lorsque, vers 2 h. 1/2 de l'après-midi, une patrouille d'infanterie et quelques cavaliers envoyés par la grand'garde de tirailleurs malgaches établie dans le village d'Ambontona, ayant débouché au sud de ce village, fut brusquement saluée par une salve de deux ou trois obus à balles partis d'un des ouvrages du col. Un projectile tua net un tirailleur et en blessa un autre.

En même temps, d'autres pièces, moins bien repérées ou trop éloignées, établies dans deux batteries échelonnées, dont une installée sur le pic même d'Andriba, ouvraient également, quoique sans effet, leur feu contre la patrouille, qui vint reprendre l'abri du village.

Si les troupes eussent été moins fatiguées et l'heure moins tardive, le général en chef eût riposté à cette ouverture du feu par une attaque immédiate ; en l'état, il jugea suffisant de faire renforcer de deux compagnies le poste d'Ambontona et d'y faire avancer la 9ᵉ batterie, de façon que ce point important ne pût nous être enlevé par une contre-attaque exécutée en force.

Mais, comme les Hovas continuaient leur tir d'artillerie sur Ambotona, en y faisant converger le feu de trois ou quatre autres pièces établies au col et sur les pentes du mont Iliandrereza, la 9ᵉ batterie, en arrivant au village, ne crut pouvoir se dispenser d'y répondre. A peine en batterie, elle fut encadrée, aussitôt, par plusieurs projectiles percutants et eut trois artilleurs blessés, dont deux grièvement(1). Il était alors 4 h. 1/2 du soir. La batterie riposta immédiatement et deux obus à la mélinite, tombant sur le terre-plein du principal fortin du col, suffirent pour le faire évacuer.

Ce tir fut ensuite continué sur les divers ouvrages ennemis jusqu'à 5 h. 1/2, moment où le général en chef fit cesser le feu, après que la batterie avait consommé environ 50 projectiles.

La nuit du 21 au 22 fut assez tranquille, rien ne sembla bouger dans les forts ni dans les camps hovas, qui apparurent, au jour, intacts comme la veille. Quelques coups de fusil fort éloignés avaient seulement été tirés par les Hovas, avant l'aube, sans qu'il y fût répondu.

Le 22, à la pointe du jour, le général en chef, avec la réserve, se porta sur Ambodiamontana où, conformément à ses or-

---

(1) L'un de ces blessés, le canonnier Clin, mourut, quelques semaines après, à l'ambulance, sans avoir eu la consolation d'apprendre qu'il venait d'être médaillé.

dres, se trouvait rassemblé le gros de la 2ᵉ brigade. Après avoir reconnu la position et reçu les rapports des grand'gardes, il prescrivit au général Voyron de dessiner, vers l'est, avec deux bataillons et quatre pièces d'artillerie, un mouvement débordant, en marchant sur l'extrémité est des ouvrages du mont Hiandrereza, puis, de se rabattre ensuite sur les ouvrages du col, de manière à en faciliter l'attaque de front par le reste des troupes. Le général Voyron se porta immédiatement (6 h. 30) contre l'objectif qui venait de lui être assigné.

A 8 h. 25, le général en chef, qui avait gagné le poste avancé d'Amboutona, surpris du calme absolu qui continuait de régner sur toute la ligne de défense, eut le sentiment que cette ligne était abandonnée. Une reconnaissance de tirailleurs malgaches envoyée vers le premier ouvrage du col confirma cette prévision et, dès 9 heures du matin, on eut acquis la certitude de la disparition totale de l'ennemi.

Le commandant en chef n'en laissa pas moins le général Voyron achever son mouvement, pendant que lui-même, avec la colonne de droite et la réserve, se portait, au sud du col, jusqu'au lieu dit « Marché d'Andriba » (1).

L'ennemi, en se retirant, avait contraint tous les habitants à abandonner les nombreux hameaux de la plaine d'Andriba et avait incendié la plupart d'entre eux. Néanmoins, en fouillant avec soin tous les silos, il fut possible, par la suite, de réunir un approvisionnement assez considérable de riz, ressource précieuse, qui, ménagée, dès lors, avec le plus grand soin, facilita la constitution du convoi de vivres et de fourrages de la colonne légère.

Vers 2 heures de l'après-midi, le 22 août, les troupes s'installèrent au bivouac, partie au nord du col, vers Ambodiamontana et Ambontona, partie au sud, vers le Marché d'Andriba. Elles avaient supporté avec le plus grand dévouement et une endu-

---

(1) Tous les forts et camps hovas traversés dans cette marche portaient la marque de l'abandon le plus précipité. L'ennemi y avait tout laissé, sauf les armes et l'artillerie; encore a-t-on trouvé, dans une batterie du pic d'Andriba, un canon-revolver de 37 $^m/_m$, sans sa culasse, un affût en bronze et des munitions.

rance remarquable, pendant ces deux journées, des marches pénibles à travers un terrain des plus difficiles, montré le plus grand entrain dans l'attaque et mérité, à ce double titre, les éloges du commandement. Quant à l'ennemi, complètement démoralisé, il s'était retiré en désordre à plus de 30 kilomètres dans le sud, hors de toute vue de la colonne.

Les travaux de route, auxquels les troupes de la brigade Metzinger n'avaient pas cessé d'être employées pendant la marche de la brigade Voyron contre Andriba, purent, dès lors, être repris en toute sécurité par toutes les troupes du corps expéditionnaire, sous la protection d'une avant-garde qui resta postée au Marché d'Andriba et qui se composait de deux bataillons et une batterie. Le 30 août, cette avant-garde fut portée à 4 kilomètres plus au sud, près du village de Mangasoavina, sur les bords du Mamokomita. Cet emplacement se prêtait, en effet, d'une façon beaucoup plus avantageuse, à cause du voisinage de la rivière et en raison de la disposition topographique des environs, à la concentration ultérieure de toutes les troupes et de tous les approvisionnements destinés à entrer dans la constitution de la colonne légère et devint, par la suite, la station tête d'étapes et la base de ravitaillement de cette colonne.

5° **Opérations de la colonne légère. — Prise de Tananarive (14 septembre — 30 septembre 1895).**

Comme il a été dit précédemment, le général en chef, frappé des difficultés chaque jour croissantes que présentait l'ouverture de la route carrossable et qu'offrait journellement la marche des échelons de ravitaillement, avait, dès les premiers jours d'août, reconnu la nécessité d'abandonner, à partir d'un point à déterminer entre Andriba et Maharidaza, le système de marche suivi jusqu'alors, qui permettait à peine de progresser de 2 à 3 kilomètres par jour; de former, en ce point, une colonne allégée et d'en partir, suivi d'un convoi, exclusivement constitué en animaux de bât, pour arriver en Emyrne par une marche moyenne, ininterrompue, de 14 à 15 kilomètres par jour.

Il avait, en conséquence, dès le 4 août,

arrêté les bases de l'organisation de cette colonne, en fixant le taux des rations et le poids des impedimenta, de manière à ne pas dépasser le rendement maximum de tous les animaux de bât disponibles dans le corps expéditionnaire (2.800 environ) (1); il avait prescrit, en même temps, les mesures nécessaires pour la constitution, à la date du 10 septembre, sur le point à désigner, de l'approvisionnement nécessaire en vivres et en munitions et la réunion en ce point des animaux de bât.

A la date du 17 août, considérant le déchet journalier considérable que subissaient les troupes, l'état de fatigue des conducteurs européens ou kabyles, ainsi que

---

(1) Le corps expéditionnaire au départ de France, était pourvu de 1.500 bâts de mulets, dont 1.000 faisaient partie du harnachement d'un nombre égal de voitures Lefebvre et 500 étaient destinés au convoi léger. Sur la demande télégraphique du général commandant en chef, 1.000 autres bâts furent expédiés, en juillet à Majunga. Les 300 bâts de complément étaient des bâts de fortune, fournis par le parc d'artillerie du corps expéditionnaire, qui les confectionna avec le bois et la toile des caisses d'emballage.

des animaux, la réduction croissante du rendement des échelons de ravitaillement, la date avancée de la saison, enfin, la nécessité de brusquer un dénouement que les difficultés indiquées avaient déjà trop retardé, il décida de prendre la plaine d'Andriba pour point de départ de la colonne légère.

Ce fut seulement le 6 septembre que, la route étant devenue praticable jusqu'à Mangasoavina (extrémité sud de la plaine d'Andriba), les convois de voitures purent commencer à venir déverser en ce point, qui allait devenir la base de ravitaillement de la colonne, les 250 tonnes d'approvisionnements de toutes sortes, nécessaires à sa marche sur Tananarive.

Des ordres généraux, datés des 3 et 8 septembre, portèrent à la connaissance des troupes et des services (1) les dispositions

---

(1) Ordre général n° 68, du 8 septembre.

« Officiers, sous-officiers, caporaux, soldats et marins,

» Les événements mobiles du corps expéditionnaire viennent, grâce à d'énergiques et persévérants efforts, en refoulant l'ennemi partout où celui-ci a tenté de les arrêter, d'attein-

définitivement arrêtées pour la constitution de la colonne légère, ainsi que les fixations relatives au taux des rations et au poids des bagages.

---

dre l'extrémité sud de la plaine d'Andriba. J'ai décidé de ne pas pousser plus loin le travail de construction de la route carrossable, qui s'imposait jusqu'ici, comme une conséquence inévitable du mode de constitution de nos convois, et de poursuivre les opérations contre Tananarive avec une colonne légère, dotée d'effectifs et de moyens de transport réduits.

» Cinquante lieues de France, à peine, nous séparent de Tananarive. Vingt-cinq environ traversent encore une zone montagneuse et à peu près déserte; le reste est en Emyrne, province très cultivée, très peuplée, où sont concentrées presque toutes les ressources de l'île. Si donc la première partie de la marche nous prépare encore des difficultés matérielles et des privations, nous pouvons espérer trouver dans la seconde des facilités relatives et quelque complément de bien-être.

» Quoi qu'il en soit, la France compte sur nous pour mener à bien la tâche commencée au succès de laquelle ses intérêts et son honneur sont engagés, comme les nôtres; elle continue à nous suivre avec une sympathie passionnée, dont les télégrammes du gouvernement m'apportent presque journellement la preuve.

» Vous élèverez vos cœurs à la hauteur des

En raison des difficultés de terrain signalées par les reconnaissances, il était à prévoir que la colonne légère serait obligée, la plupart du temps, de marcher en

---

nécessités d'une situation qui n'exige plus que quelques semaines d'énergie physique et morale, au terme desquelles vous aurez, outre la satisfaction d'un grand devoir simplement et laborieusement rempli, celle d'avoir accompli une tâche que la nature du pays rendait plus difficile qu'on n'eût pu l'attendre ; celle aussi d'avoir ajouté une belle page à nos annales militaires et de vous être préparé de glorieux et impérissables souvenirs personnels.

» La nécessité de proportionner ce dernier effort à nos moyens matériels, celle aussi de maintenir la chaîne des transports, si péniblement créée et entretenue, entre Majunga et Andriba, m'obligent à laisser, ici et en arrière, beaucoup de vous qui aspiraient aussi à l'honneur d'être montés de haute lutte à Tananarive. Je partage le regret qu'ils en éprouvent. J'apprécie très haut les services que nous ont déjà rendus et continuent à nous rendre tous ceux qu'un austère devoir retient, à des titres divers, sur cette longue ligne d'étapes. Je connais leurs énergiques et persévérants efforts, qui, seuls, nous permettent d'entreprendre la marche accélérée qui va nous mener en Emyrne et je compte que tous nous saurons les poursuivre.

» Je n'oublierai, ni les uns ni les autres, en

file indienne et serait arrêtée, fréquemment, par les obstacles naturels que lui présenteraient les accidents du sol et que l'ennemi s'efforcerait d'utiliser pour sa défense ; d'où la nécessité, pour couvrir la marche des impedimenta et pour permettre aux éléments de queue d'arriver à l'étape, chaque jour, avant la nuit, de subdiviser l'ensemble de la colonne légère en plusieurs échelons.

Les éléments (1) qui composaient la co-

---

faisant connaître au gouvernement au prix de quel dévouement, de quels efforts, de quels sacrifices, nous aurons mené à bien notre mission et la France les confondra dans un même sentiment d'estime et de gratitude.

» Fait au quartier général de Mangasoavina, le 8 septembre 1895.

» Le général commandant en chef,
» Signé : Ch. DUCHESNE.
» Pour ampliation :
» Le chef d'état-major,
» Signé : TORCY. »

(1) Au départ de la plaine d'Andriba, l'avant-garde devait comprendre, en principe, le quartier général et le groupe placé sous les ordres directs du général Metzinger (1ʳᵉ brigade) ; le gros était formé du groupe commandé par le général Voyron (2ᵉ brigade) ; enfin, la réserve

lonne furent, par suite, répartis en trois groupes, qui devaient, au départ de Mangasoavina, s'échelonner à un ou deux jours d'intervalle, savoir :

1° L'avant-garde, constituant l'échelon principal de combat et comprenant, outre le quartier général :

Un état-major de brigade ;
Un état-major de régiment ;
Trois bataillons ;
Un peloton de cavalerie ;
Deux batteries (à 4 pièces) ;
Deux compagnies du génie ;
Une section d'ambulance.

En vue d'alléger, autant que possible, ce premier échelon, il ne lui était affecté qu'un convoi représentant cinq à six jours de vivres ;

2° Le gros, chargé de la protection du convoi général, sur lequel était prélevé le petit convoi affecté à l'avant-garde ; il de-

---

commandée par le colonel de Lorme, comprenait un régiment de marche, à deux bataillons, composé d'un bataillon du 200ᵉ (avec l'état-major de ce régiment) et d'un bataillon mixte de l'infanterie de marine. Les effectifs de ces trois troupes étaient les suivants :

GROUPES.	ÉLÉMENTS.	OFFI-CIERS.	COMBAT-TANTS.	CONDUC-TEURS auxiliaires	CHEVAUX	MULETS.	OBSERVATIONS.
1° Avant-garde.							(1) Le régiment mixte, commandé par le colonel du 13ᵉ d'infanterie de marine, comprenait le 1ᵉʳ bataillon de ce régiment, le bataillon malgache et 1 bataillon formé de 2 compagnies du 3ᵉ bataillon du 13ᵉ et 2 compagnies de Haoussas.
Groupe du général Metzinger.	Quartier général	18	37	33	40	33	
	État-major de brigade	4	10	3	8	6	
	Régiment d'Algérie	54	1.416	20	27	111	
	Peloton de cavalerie	1	9	1	11	2	
	Artillerie (2 batteries)	10	98	83	10	134	
	Génie (2 compagnies)	6	164	29	6	60	
	Ambulance	3	9	20	3	14	
	Convoi	5	20	127	11	234	
Total		107	1.763	316	116	614	
2° Gros.							(2) Ce régiment, constituant la réserve et commandé par le colonel du régiment colonial, comprenait le 3ᵉ bataillon du 20ᵉ et 1 bataillon formé de 2 compagnies du 3ᵉ bataillon du 13ᵉ d'infanterie de marine et de 2 compagnies de Haoussas.
Groupe du général Voyron.	État-major de brigade	4	7	6	8	6	
	Régiment mixte (1)	54	1.318	35	27	113	
	Peloton de cavalerie	1	12	1	14	2	
	Batterie d'artillerie	3	46	29	3	49	
	Ambulance	6	14	26	6	18	
	Convoi général	24	67	873	58	1.546	
Total		92	1.464	970	116	1.734	
3° Réserve.							
Groupe du colonel de Lorme.	Régiment de marche et son convoi (2)	44	786	229	34	461	
Total général de la colonne légère		237	4.013	1.515	266	2.809	

vait suivre le premier échelon à une journée de marche et comprenait :

Un état-major de brigade ;
Un état-major de régiment ;
Trois bataillons ;
Un peloton de cavalerie ;
Une batterie d'artillerie (à 4 pièces) ;
Une section d'ambulance ;
Le convoi général (pour les deux premiers échelons) ;

3° La réserve, faisant office d'arrière-garde, qui devait, au départ, suivre le gros à quarante-huit heures d'intervalle ; elle avait son convoi particulier et ne comprenait qu'un régiment de marche, à deux bataillons.

Malgré les réductions apportées au taux des rations et la quantité des bagages (1), il n'était possible d'emporter que vingt-deux jours de vivres, 140 cartouches par homme (vivres et cartouches du sac com-

---

(1) Il ne fut alloué aux officiers subalternes, en particulier, qu'une tente et une cantine pour deux officiers. Le poids de la ration (déduction faite de la viande fraîche, mais récipients compris) fut réduit à 850 grammes.

pris) et un total de 1.116 projectiles, pour 12 pièces de 80 millimètres de montagne.

Une instruction, datée du 10 septembre, fixa l'ordre normal de marche, arrêta dans ses détails l'organisation des trains régimentaires et des convois, la marche des troupeaux, le service des distributions et celui de la correspondance, le service médical, etc., et détermina les conditions suivant lesquelles seraient renvoyés vers l'arrière les mulets des convois, au fur et à mesure qu'ils seraient déchargés, par suite des consommations journalières.

Conformément aux prescriptions, très explicites et très rigoureuses, du général en chef, une revue de santé minutieuse fut passée dans toutes les unités destinées à faire partie de la colonne légère et concentrées, dès le 9 septembre, à Mangasoavina, afin d'en éliminer, d'une manière absolue, tous les hommes malingres ou trop fatigués pour pouvoir fournir une marche ininterrompue de dix-huit à vingt jours.

Le 13 septembre, la constitution des approvisionnements se trouva assez avancée pour que le général en chef pût fixer le départ de l'avant-garde au lendemain 14, celui du gros au 15 et celui de la réserve au 17 septembre.

Pendant sa marche sur Tananarive, la colonne légère devait suivre très sensiblement la piste malgache qui relie le grand marché d'Andriba à la capitale de l'Emyrne. Cette piste, fréquentée seulement, en temps normal, par des porteurs indigènes, serait rendue muletière par les compagnies du génie, qui marcheraient à l'avant-garde, en se relevant chaque jour pour prendre, alternativement, la tête de la colonne et aménager des passages aux points les plus difficiles.

Le terrain parcouru par cette piste, d'une longueur totale de 190 kilomètres environ, peut se diviser en trois zones distinctes :

1º De la plaine d'Andriba au massif des grands Ambohimenas (vallées du Firingalava, du Mamokomita et du Manankaso);

2º Du massif des grands Ambohimenas au massif de l'Ankarahara (vallées de l'Antoby et de l'Andranobé);

3º Du massif de l'Ankarahara à Tananarive (Emyrne).

1re *zone*. — La plaine d'Andriba est barrée, du côté du sud, par un massif rocheux, à travers lequel le Mamokomita et le Firingalava se sont frayé des passages fort étroits, pour venir réunir leurs eaux près de Mangosoavina. Ces deux rivières sont séparées par un massif dont les pentes, fort abruptes, sont couronnées par un plateau facilement praticable (plateau de Tafofo), qui domine le cours des rivières de 350 mètres environ.

Le Mamokomita prend sa source dans l'est et ne se dirige vers le nord qu'à hauteur de ce plateau. Le cours de Firingalava, qui descend des hauteurs de Kiangara, est, au contraire, orienté en entier du sud au nord. Cette rivière, depuis Kiangara jusqu'à son confluent avec le Mamokomita, coule dans une faille très étroite, formée par une ligne de crêtes rocheuses, aux pentes escarpées, le long desquelles tombent en cascade une infinité de torrents, aux eaux claires, dont les lits rocailleux gênent singulièrement la marche des animaux.

Les hauteurs de Kiangara, qui sont comme une avancée du massif des grand Ambohimenas, séparent les eaux du Firingalava de celles du Manankaso. Le massif des grands Ambohimenas, en raison de son altitude (1) et de l'escarpement de ses pentes, constitue un très sérieux obstacle, que les porteurs malgaches franchissent, en temps normal, en trois points distincts. Il sera dit plus loin le parti que les Hovas tirèrent de ces divers accidents du sol, entre Mangasoavina et les Ambohimenas, pour essayer d'arrêter la marche de la colonne légère.

2e *zone*. — Entre le massif des grands Ambohimenas et celui de l'Ankarahara, les ondulations du terrain s'adoucissent très sensiblement; les lieux habités sont plus rapprochés les uns des autres; les vallées s'élargissent et sont cultivées en rizières; les positions de défense tactique sont moins bonnes que dans la région précédente. La marche des convois devient ainsi plus facile, malgré les difficultés que présentent le sol détrempé des rizières et

---

(1) L'altitude du point culminant des grands Ambohimenas est de 1.462 mètres. Il domine la vallée de Manankaso (à 15 kilomètres à vol d'oiseau) d'environ 700 mètres et celle de l'Antoby (à 4 kilomètres) de 250 à 300 mètres.

les digues, étroites et mal entretenues, qui retiennent leurs eaux.

3ᵉ zone. — La chaîne de l'Ankarahara domine les vallées situées sur son versant nord de 200 mètres environ, mais les pentes sont douces et assez facilement praticables pour les animaux bâtés.

La région qui s'étend au delà de son versant sud est plus accidentée, tout en étant beaucoup plus peuplée ; les villages n'y sont pas éloignés les uns des autres de plus de 2 à 3 kilomètres et sont assez bien construits, pour la plupart, en briques séchées au soleil. Quelques-uns d'entre eux, comme celui de Babay, sont établis sur des pitons isolés qui se prêtent merveilleusement à la défense. Le mont Lohavohitra (1.700 mètres d'altitude), situé à l'est de la piste conduisant à Tananarive, peut aussi constituer, pour le défenseur, une excellente position de flanc.

A mesure qu'on se rapproche de la capitale de l'Emyrne, les rizières deviennent plus étendues ; enfin, aux environs même de Tananarive, dans un rayon de 12 à 15 kilomètres, au nord-ouest, à l'ouest et au sud, la plaine n'est qu'une vaste rizière, qui n'est franchissable que sur des digues fort étroites. La description détaillée des accidents du sol, dans cette troisième zone, trouvera sa place dans le compte rendu des opérations préliminaires à la prise de Tananarive.

Combat de Tsinainondry (15 septembre). — Chassés de leurs positions d'Andriba, le 22 août, les Hovas avaient essayé de prendre pied sur les pentes nord du plateau de Tafofo et avaient entrepris, sur les abords de ces pentes, des travaux assez importants.

Forcés par nos reconnaissances offensives (1) d'abandonner ces fortifications, ils s'étaient reportés à une quinzaine de kilomètres en arrière, sur la position de Tsinainondry, position naturellement très

---

(1) Ces reconnaissances, effectuées, les 9 et 12 septembre, par des détachements que commandaient le commandant Ganeval (9 septembre) et le commandant Vandenbrock (12 septembre), tous deux du régiment colonial, furent poussées jusqu'à la pointe sud du plateau de Tafofo. Elles avaient permis de reconnaître les principales défenses établies par l'ennemi pour nous barrer le passage, un peu au sud d'Ampotaka.

forte, qui commande les deux sentiers venant de la plaine d'Andriba, l'un, par la trouée du Firingalava, l'autre, par celle du Mamokomita.

Le village même de Tsinainondry (boyau de mouton) est situé au point le plus étroit de la profonde coupure où coule le Firingalava. Il est construit à l'est de cette faille, sur un mamelon isolé qui la barre presque entièrement et la domine d'une centaine de mètres ; lui-même est dominé par deux tables rocheuses d'un commandement relatif de 150 à 200 mètres.

Sur ces escarpements, distants à peine, l'un de l'autre, de 2.500 mètres, les Hovas avaient, comme à Andriba, construit, à l'ouest, sur les rochers d'Ambohibé, trois batteries à embrasures, dont l'une casematée ; à l'est, sur un palier de la montagne et sur un piton culminant, deux autres batteries. Le mamelon de Tsinainondry était lui-même couvert de deux fortins superposés.

Neuf à dix canons armaient ces sept ouvrages, derrière chacun desquels étaient des camps de paillottes très étendus. Enfin, l'ennemi avait barré le fond même de la vallée du Firingalava à l'aide de tranchées, de palissades et d'abatis.

Informé de ces dispositions par les reconnaissances dont il a été parlé, le général en chef avait décidé, au dernier moment, de renforcer l'échelon d'avant-garde (groupe Metzinger) de la colonne légère par le bataillon malgache du régiment colonial, fort de 500 fusils. Parti avec cet échelon, de Mangasoavina, le 14 septembre, le général en chef put atteindre, le soir même, l'extrémité sud du plateau de Tafofo et, de là, étudier, à distance, sous la protection de la chaîne des avant-postes, la position de défense choisie par l'ennemi.

Après avoir reconnu l'impossibilité de s'engager dans le long couloir que forme la vallée du Firingalava, sans en avoir, au préalable, dégagé les flancs, il régla, comme il suit, le dispositif de combat pour la journée du 15.

Le gros (3 bataillons, 2 batteries et 2 compagnies du génie), conduit par le colonel Oudri, sous la direction immédiate du général Metzinger, aurait pour objectif d'attaque le piton de Tsinainondry. Il suivrait, pour gagner ses positions d'attente, le chemin de Tafofo à Ampotaka, jusqu'à 2 kilomètres au nord-est de ce village, déborderait ensuite à gauche, pour tourner, par leur tête, plusieurs profonds ravins qui alimentent les marais d'Ampotaka et, en profitant des nombreux angles morts qu'offre ce terrain profondément creusé par les eaux, gagnerait une petite crête, située à 2.000 mètres environ de la base du piton; de ce point, il pourrait utilement, sans doute, battre par son artillerie le premier et peut-être le deuxième fortin hova. En outre, cette colonne détacherait, en arrivant à hauteur d'Ampotaka, un demi-bataillon de tirailleurs, qui s'élèverait, sans sacs, jusqu'au sommet de la crête rocheuse de l'est, afin de détourner l'attention et le feu des deux ouvrages qui flanquaient, à droite, ceux de Tsinainondry et de les enlever.

D'autre part, le bataillon malgache, partant, avant le jour, de son bivouac établi à la pointe sud-est du plateau de Tafofo, descendrait, à l'ouest, par un ravin affluent du Firingalava, franchirait ce cours d'eau à 2 kilomètres au nord d'Antanjombato et, gagnant la crête du rocher d'Ambohibé, s'efforcerait de déborder la gauche de la position ennemie, de façon à venir, si possible, en menacer les derrières.

Ces prescriptions furent exécutées de point en point. Toutefois, le mouvement du demi-bataillon de tirailleurs algériens contre les positions de l'est ayant offert des difficultés inattendues et la marche des deux batteries ayant été également fort retardée par les fonds marécageux et par certaines berges très escarpées, à travers lesquels le génie eut beaucoup de peine à leur ouvrir un chemin, le 1er bataillon du régiment d'Algérie, qui formait l'avant-ligne du gros, se trouva seul en butte, tout d'abord, au feu concentrique des sept batteries de l'ennemi et aux feux d'infanterie qui partaient du fortin intérieur de Tsinainondry.

Heureusement, le bataillon malgache, conduit avec une grande vigueur par le commandant Ganeval, arrivait à ce moment sur le premier sommet d'Ambohibé, au-dessus d'Antanjombato, y surprenait (8 h. 1/2 du matin) deux forts détachement hovas qui se gardaient mal sur leur flanc, les attaquait à la baïonnette après avoir exécuté quelques salves et les rejetait, en grand désordre, vers les batteries de l'ouest, que leurs défenseurs évacuèrent précipitamment à l'approche du bataillon.

Dès lors, l'avant-ligne du gros, n'étant plus exposée qu'au feu des batteries de l'est et du centre, put se masquer sur la pente ouest du mamelon qu'elle occupait et où elle fut enfin rejointe, vers 10 heures, par deux batteries de montagne et par le reste de l'infanterie. Durant ce temps, d'ailleurs, le 1er bataillon du régiment d'Algérie était parvenu, par des feux de salve à 1.800 et 2.000 mètres, à déloger l'ennemi de la batterie basse de Tsainondry ; deux hommes de ce bataillon (dont l'un mourut le soir même) furent grièvement blessés à ce moment de l'action.

L'artillerie venait de mettre en batterie ses huit pièces. (10 h. 1/4) et, dès ses premiers coups, avait atteint le parapet de la batterie haute du piton, dont le feu s'éteignit promptement. Changeant alors d'objectif, elle s'attaqua (à 2.600 mètres), d'abord, à la batterie inférieure de la crête est, puis, quand celle-ci eut été également évacuée, à celle du point culminant (avec la hausse de 3.000 mètres). L'approche des deux compagnies du 3ᵉ bataillon d'Algérie, qui venaient enfin de prendre pied sur la crête et s'avançaient, dès lors, rapidement en refoulant devant elles quelques centaines de fantassins ennemis, s'ajoutant à l'effet du tir de notre artillerie, provoqua, à 11 h. 20, la retraite des défenseurs de ce dernier ouvrage. Durant cette dernière phase, le colonel Oudri avait poussé, avec les deux premiers bataillons du régiment d'Algérie, vers le piton de Tsinainondry ; quand il en atteignit la crête, l'ennemi, que le commandant Ganeval avait réussi à déborder selon ses instructions, s'enfuyait rapidement, en trois colonnes, non par la route de la vallée, mais par les crêtes de l'ouest, vers Kiangara. Cependant, une de ses colonnes, serrée de trop près par le bataillon malgache, sut encore se reformer et remettre une pièce en batterie, à 4 kilomètres environ dans le sud de Tsinainondry.

En raison de l'heure avancée (1 heure 1/2) et de la fatigue des troupes, le général en chef donna l'ordre d'arrêter une poursuite qui ne pouvait être utilement continuée à travers le massif escarpé où s'était jeté l'ennemi.

Cette heureuse affaire, qui ne nous coûta que trois blessés (2 soldats du 1er bataillon d'Algérie, 1 du bataillon malgache), ouvrait la route à la colonne légère jusqu'au pied des grands Ambohimenas. Après avoir bivouaqué, le 15 au soir, près de Tsinainondry, le premier échelon de la colonne légère, moins le bataillon malgache, qui attendit sur place le deuxième échelon (général Voyron), poursuivit sa marche sans incident.

Il bivouaqua, le 16, à Ambohinore; le 17, après avoir franchi sans coup férir le col de Kiangara, où les Hovas avaient aussi construit des batteries et tranchées, qu'ils abandonnèrent avant l'arrivée de nos troupes (1), il alla camper à Antanétibé,

---

(1) Lorsque l'avant-garde de la colonne légère atteignit le sommet du col de Kiangara, elle trouva, en travers du chemin, une perche portant une inscription écrite à l'encre, en langue malgache, dont voici la traduction : « La force a permis aux blancs d'arriver jus-

au pied du massif des grands Ambohimenas, en occupant par ses grand'gardes l'avant-crête qui s'étend de Kinadji vers l'est-nord-est.

Passage des grands Ambohimenas (19 septembre). — Depuis plusieurs semaines, les Hovas avaient élevé dans ce massif de nombreux ouvrages destinés à nous barrer le passage. Les troupes battues à Tsinainondry, en se retirant, y avaient trouvé, outre un complément de vivres et d'artillerie, d'assez nombreux renforts, dont un fort contingent de la garde royale.

Trois sentiers principaux franchissent la montagne et aboutissent tous trois sur le versant sud, près du village de Maharidaza. La piste centrale et celle de l'est sont les plus directes et les plus fréquentées; celle de l'ouest, plus abrupte et plus difficile, n'était guère connue que des rares habitants du district.

---

qu'ici; mais voici qu'on entend le bruit strident du vol des voromahéry (aigle) ».

Allusion à l'arrivée des soldats de la garde royale, vulgairement dénommés les voromahery et qui devaient, mieux que les soldats du Boëni, nous arrêter au pied des Ambohimenas.

En franchissant, le 17 septembre, avec l'avant-garde, le col de Kiangara, d'où l'on jouit d'une vue étendue sur la chaîne des grands Ambohimenas, le général en chef avait cru reconnaître que les Hovas avaient concentré tous leurs moyens de défense (quatorze ouvrages ou batteries) le long des deux sentiers du centre et de l'est et avaient plus ou moins complètement négligé celui de l'ouest. Une reconnaissance personnelle, à laquelle il procéda, le 18 au matin, sous la protection de fortes patrouilles poussées à plusieurs kilomètres dans le sud, confirma pleinement cette observation. Il lui parut évident, dès lors, que les Hovas n'avaient pas soupçonné la possibilité pour nous, d'utiliser le sentier de l'ouest.

Le général en chef, qui devait être rejoint, dans la journée même du 18, par le deuxième échelon de la colonne légère (général Voyron), résolut aussitôt d'attaquer l'ennemi, dès le 19, en y employant les 6 bataillons, les 3 batteries et les 2 compagnies du génie, qui formaient les deux premiers échelons. A cet effet, les troupes reçurent l'ordre de prendre position, le 18 au soir, sur l'avant-crête des Ambohimenas : celles du général Metzinger, à gauche, vers le point de jonction des routes de l'est et du centre ; celles du général Voyron, à 1.500 mètres plus à l'ouest, vers Kinadji.

Conformément aux ordres du général en chef, l'attaque devait avoir lieu en deux colonnes.

La colonne de droite (1), sous les ordres du général Voyron, devait suivre le sentier de l'ouest. Sa mission était de déborder les ouvrages construits par l'ennemi sur les deux autres chemins ; son objectif était un fortin établi au point culminant du massif, à la cote 1462.

La colonne de gauche (2), sous les ordres du général Metzinger, devait attaquer les

---

(1) La colonne de droite comprenait 6 compagnies de tirailleurs malgaches et haoussas, le 1ᵉʳ bataillon du 13ᵉ régiment d'infanterie de marine, une section de la 8ᵉ batterie et la 13ᵉ compagnie du génie, plus le demi-escadron de cavalerie.

(2) La colonne de gauche comprenait les 3 bataillons du régiment d'Algérie, les 9ᵉ et 16ᵉ batterie et deux sections de la 8ᵉ et la 11ᵉ compagnie du génie.

ouvrages établis sur les chemins du centre et de l'est ; son objectif était également le fortin de la cote 1462, où elle devait faire sa jonction avec la colonne de droite.

Les convois devaient rester campés à Antanétibé, sous la garde d'une compagnie du deuxième échelon. Une autre compagnie du même échelon devait se porter, comme réserve et comme point d'appui, un peu à l'est de Kinadji.

Le 19, dès 4 heures du matin, c'est-à-dire en pleine nuit, le 3e bataillon du régiment d'Algérie (commandant Debrou), à qui, d'après les ordres verbaux du général Metzinger, incombait la mission d'exécuter un mouvement débordant, à petit rayon, sur les batteries du chemin du centre et de relier, en outre, les deux colonnes principales d'attaque, descendit sans bruit, dans un des profonds ravins dont les pentes, coupées et enchevêtrées, s'élèvent jusqu'au sommet de la chaîne. Presque en même temps, la colonne de droite s'engageait de même, sans avoir été aperçue, dans le chemin de l'ouest.

Au jour, le reste de la colonne de gauche vint se former, en position d'attente et bien en vue, dans l'angle des deux chemins de l'est et du centre, de manière à attirer sur elle toute l'attention de l'ennemi.

Les débuts du mouvement furent nécessairement lents, en raison des obstacles du sol et de la raideur des pentes; ils durent surtout le paraître aux Hovas, qui, dès l'apparition des éclaireurs du 3e bataillon d'Algérie (colonne intermédiaire) ouvrirent sur eux, hors de toute portée, un feu assez vif d'artillerie et de mousqueterie, qui acheva de fixer le général en chef sur leur dispositif de défense.

Ce dispositif était d'apparence formidable; les quatorze redoutes et batteries, déjà repérées la veille, furent reconnues presque toutes armées d'artillerie et on put aussi constater l'existence de plusieurs tranchées-abris, étagées, occupées par des tireurs armés de fusils.

Il était environ 7 h. 30, quand, du point de rassemblement de la colonne de gauche, le général en chef put apercevoir, déjà parvenue presque sur la crête de la montagne, à 6 kilomètres environ dans l'ouest du point culminant 1462, l'avant-garde du général Voyron, formée du bataillon malgache ; ce bataillon, qui n'avait rencontré aucun obstacle sérieux, avait marché, avec une rapidité surprenante, sans que l'ennemi eût paru se douter de son approche. Ne doutant plus, dès lors, d'un rapide succès, le général en chef prescrivit au général Metzinger de faire commencer l'attaque, contre les tranchées établies en travers de la piste centrale, par trois compagnies du 1er bataillon du régiment d'Algérie ; la 4e compagnie du même bataillon, sans sacs, dissimulant sa marche dans les ravins, devait, en même temps, essayer de déborder la première des batteries construites sur la piste de l'est.

Le général en chef prescrivit également d'appuyer ces mouvements et celui du 3e bataillon du régiment d'Algérie par le feu de l'artillerie ; mais, ayant constaté, après quatre coups inutilement tirés, que les ouvrages ennemis étaient hors de portée, il fit cesser le feu et dirigea les batteries à la suite du 1er bataillon du régiment d'Algérie.

A ce moment, la 4e compagnie de ce bataillon abordait, par la gorge, après une ascension des plus pénibles, la batterie inférieure de la piste de l'est; la trouvant évacuée, elle répétait l'essai qui avait réussi à Tsinainondry, en ouvrant des feux de salve, à 1.800 mètres, contre les ouvrages supérieurs. Quel a été le résultat de ces feux, qu'exécutait de front, en même temps, une autre compagnie du même bataillon ? Il n'a pas été possible de le vérifier. Toujours est-il qu'ils coïncidèrent, presque immédiatement, avec un exode général des défenseurs de tous les ouvrages avancés, que menaçait, d'autre part, la marche, hardie et méthodique, du 3e bataillon d'Algérie vers la crête supérieure.

Brusquement, d'ailleurs (il était alors à peu près 8 heures), les Hovas venaient de prendre conscience du danger qui les menaçait vers l'ouest. Un détachement de 3 à 400 hommes d'infanterie envoyé de ce côté venait de se heurter contre la tête du bataillon malgache, qui, suivant sa méthode ordinaire, poussa de l'avant presque sans tirer et les culbuta, en désordre, vers les ouvrages établis près du point culminant. Dès lors, toute la défense, jusqu'aux ouvrages situés à 6 ou 7 kilomètres dans l'est, parut subitement désorganisée, et, malgré l'habitude que nos troupes commençaient à prendre de la rapidité avec laquelle les Hovas rompent d'ordinaire le combat, elles eurent la profonde surprise de les voir abandonner complètement leurs formidables positions et battre en retraite de tous côtés.

La colonne de gauche n'avait plus, dès lors, à lutter que contre les difficultés matérielles de l'ascension ; mais ces difficultés étaient telles que, bien que le feu eût entièrement cessé, il fallut aux hommes, cependant sans sacs, des 1er et 3e bataillons du régiment d'Algérie près d'une heure et demie pour atteindre, vers 11 heures, le fortin de la cote 1462, qui constituait leur objectif. Le bataillon malgache et la cavalerie, suivis de près par le général Voyron, y étaient parvenus vers 9 heures et en avaient délogé les derniers défenseurs ; puis, par une heureuse inspiration, le commandant du bataillon et le capitaine commandant le demi-escadron de cavalerie s'étaient jetés sur les pentes sud de la chaîne, menant une poursuite très active aux 6.000 ou 7.000 Hovas qui se précipitaient vers la vallée de l'Antoby en quatre groupes principaux.

Malheureusement, la section d'artillerie de la colonne de droite, retardée par un très mauvais passage, n'avait pu suivre l'allure rapide des tirailleurs malgaches et dut renoncer à contribuer, par ses feux, à la poursuite. Néanmoins, les Hovas, écrasés par les feux de salve du bataillon d'avant-garde et par ceux de la cavalerie, puis, après la cessation du feu, poursuivis à coups de sabre par les cavaliers, rompirent tout ordre de retraite et laissèrent dans les ravins qui bordent la route une notable partie de leurs charges, notamment 3 canons Hotchkiss de 78$^{m/m}$, 4 affûts et plus de 30 caisses d'obus et de cartouches.

Au cours de ces diverses actions, qui ne nous coûtèrent pas un homme, nos troupes firent preuve d'un entrain et d'une vigueur dignes d'éloges. Le groupe du général Voyron, en particulier, parti le 15 de Mangasoavina, n'était arrivé que le 18, assez tard, à Kinadji pour en repartir le 19 avant le jour. Il sut, néanmoins, mener à bien le mouvement tournant dont l'exécution lui avait été confiée, et l'on ne saurait douter qu'il fut le principal facteur du succès final.

D'un seul élan, les Hovas s'étaient enfuis jusque vers l'Ankarahara, à 45 kilomètres dans le sud et l'œil qui, du sommet des Ambohimenas, pouvait suivre jusqu'à ces hauteurs la trace de la piste malgache, n'apercevait plus, le 20 septembre, d'apparence d'ennemis, dans toute cette vaste plaine. Néanmoins, malgré cette retraite désordonnée, l'ennemi, fidèle à sa tactique habituelle, avait encore incendié, en s'enfuyant, tous les lieux habités construits le long de la route. Cette destruction méthodique d'assez beaux villages indiquait que la résistance demeurait à l'ordre du jour dans les conseils du gouvernement hova.

Marche sur l'Ankarahara (21-23 septembre). — Dès le 19 au soir, le général en chef avait établi ses camps dans la plaine de Maharidaza, au pied sud des Ambohimenas, en les couvrant, en avant, par le bataillon malgache et la cavalerie, arrêtés au point où avait cessé la poursuite. Les convois rejoignirent, le 20, et la marche fut reprise, le 21, par le groupe d'avant-garde, constitué, pour cette seconde période, par le détachement que commandait le général Voyron. Quant au deuxième échelon, formé du groupe du général Metzinger et du convoi général, il ne se remit en route que le 22, suivant le premier à une journée d'intervalle et suivi lui-même, à une journée d'intervalle également, par le troisième échelon (réserve), qui avait fait séjour, le 21, à Antanétibé.

L'avant-garde bivouaqua, le 21 septembre, à Talata, près d'Ankazobé, sur la ligne de faîte qui sépare les eaux de l'Antoby de celles de l'Andranobé et, le 22 septembre, sur les bords du versant septentrional de l'Ankarahara, dont elle gravit les pentes, le 23 septembre.

Pendant cette dernière marche, le bataillon malgache et le peloton de cavalerie, qui tenaient la tête, furent accueillis, à hauteur de Pihona, par le feu d'un groupe de Hovas postés à mi-pente du massif. Ces troupes tournèrent vivement la position par la droite, pendant qu'une batterie se préparait à ouvrir le feu au premier ordre, ce qui suffit pour déterminer la retraite de l'ennemi. On sut, peu après, que ce parti formait les avant-postes d'un rassemblement important, campé sur le versant sud des monts Ankarahara et qui se retira, en même temps, vers le sud, pour s'établir sur le sommet et sur les pentes du mont Lohavohitra.

Le 23 au soir, le premier échelon de la colonne légère établit son bivouac non loin du village de Fihaonana, au pied du Mahatsinjo, à 8 kilomètres environ, à vol d'oiseau, du Lohavohitra. De ce bivouac, on distinguait nettement tous les mouvements des nombreux rassemblements ennemis, qui paraissaient vouloir prendre position et se fortifier dans ce massif aux pentes rocheuses et escarpées.

Opérations en Emyrne (24-26 septembre). — L'avant-garde de la colonne légère, en descendant de l'Ankarahara, avait pris pied en Emyrne, c'est-à-dire dans la région la mieux cultivée et la plus populeuse de l'île. Elle n'était plus, alors, qu'à 50 kilomètres environ de Tananarive, centre de la puissance hova; mais la guerre paraissait devoir changer de caractère.

L'ennemi, en battant en retraite dans

cette zone supérieure, ne brûlait plus les centres habités. Les habitants, exclusivement hovas, fuyaient encore devant nos troupes ; mais beaucoup semblaient se rejeter vers les flancs de la ligne de marche et les villages intacts, tous entourés de murs élevés et de fossés profonds, à bords escarpés, pouvaient offrir un abri à des partisans ennemis, disposés à se jeter, à l'improviste, sur nos convois. Ce n'était plus seulement des combats en ordre plus ou moins méthodique que la colonne légère aurait à livrer ; elle aurait, aussi, à protéger ses longs convois contre les surprises et les attaques de flanc.

Ces considérations amenèrent le général en chef à faire serrer sur la tête les divers échelons de la colonne légère. Les convois s'étaient, d'ailleurs, allégés de plus de la moitié de leurs approvisionnements ; une partie notable des mulets avaient même été renvoyés vers l'arrière, ramenant à Mangasoavina les blessés légers et les malades ou éclopés de la colonne. Il devenait, par suite, possible de faire marcher en un seul échelon l'avant-garde et le gros.

Le groupe du général Voyron fit, en conséquence, séjour, le 24, près de Fihaonana, pour y attendre le deuxième échelon commandé par le général Metzinger. Il ne resta pas, cependant, inactif pendant cette journée.

Dans la matinée du 24, en effet, le général en chef dirigea deux reconnaissances, vers le massif du Lohavohitra et dans la direction de Babay, où les rassemblements ennemis, déjà signalés, paraissaient vouloir prendre position.

La première reconnaissance, effectuée par une compagnie de Haoussas, sous la conduite du capitaine Ditte de l'état-major de la 2e brigade, fut accueillie par de nombreux coups de fusil, au moment où elle commençait à gravir les pentes de la montagne. La compagnie riposta immédiatement par des feux de salve bien réglés et put atteindre, sans perte, le sommet du Lohavohitra. Tous les rassemblements ennemis, parmi lesquels se trouvaient, très probablement, la plus plus grande partie des habitants des villages abandonnés, avaient déjà pris la fuite. Un détachement formant arrière-garde restait seul encore à portée de fusil des Haoussas, qui précipitèrent sa retraite par une série de feux de salve.

La seconde reconnaissance, qui contourna le pied de la montagne, dans la direction de la route à suivre, n'aperçut l'ennemi qu'à grande distance.

La région était donc libre et, le 25 au matin, les deux premiers échelons réunis reprirent leur marche en avant, suivis encore, à une journée d'intervalle, par l'échelon de réserve. Couverte par une compagnie de flanc-garde, qui longea, à mi-pente, le massif du Lohavohitra, cette marche s'effectua sans incidents.

A 1 heure du soir, la colonne établit son bivouac près du village d'Andavabary, au pied du piton de Babay. La cavalerie, qui, pendant la marche, avait formé la pointe d'avant-garde, ayant signalé un assez fort rassemblement ennemi à Sabotsy (à 4 kilomètres au sud) et sur les hauteurs situées à l'est et à l'ouest de ce village, le général en chef couvrit les bivouacs par de fortes grand'gardes qui furent établies sur un plateau allongé dominant le camp de 50 mètres et qui le masquait entièrement aux vues des Hovas.

D'après le rapport de ces grand'gardes, l'ennemi occupa sa soirée à mettre la position qu'il occupait en état de défense et à y construire des batteries et des tranchées.

Combats d'avant-garde de Sabotsy et d'Ambohipiara (26 septembre). — D'après les ordres du général en chef, la colonne devait continuer sa marche, le lendemain 26 septembre, dans les mêmes conditions que le 25, le groupe du général Metzinger en tête. L'objectif de la marche était d'atteindre la plaine située au nord-ouest du hameau d'Alakamisy et d'y camper le même soir.

La piste à suivre pour atteindre ce point a un profil très accidenté. Tout d'abord, elle se dirige droit sur le village de Sabotsy, dont il a été question plus haut; puis, à 1 kilomètre environ avant ce village, elle dévie vers l'est, en gravissant, à flanc de coteau, les pentes nord de l'Antanjombato, dont la croupe orientale domine, de 200 mètres environ, les rizières de la vallée de Manarano.

Après avoir descendu cette croupe, à flancs très escarpés, la piste traverse des rizières, puis s'élève de nouveau pour gravir le versant septentrional du Fandrozana (1), qui domine, de 110 mètres environ, la plaine où devait camper la colonne. Cette plaine est fermée : au nord, par une ligne de crêtes, d'une hauteur moyenne de 200 mètres, qui s'étend vers l'est jusqu'au delà d'Ambohimanga ; au sud, par une autre ligne de crêtes, de 150 mètres de relief environ, sur laquelle est construit le village d'Ambohipiara (2) et qui se prolonge jusqu'au centre important d'Ambohidratrimo ; enfin, du côté de l'ouest, la plaine est limitée par une série de mamelons, d'une soixantaine de mètres de hauteur, sur l'un desquels se trouve le marché d'Alakamisy.

Conformément aux dispositions de l'ordre de mouvement pour la journée du 26, le groupe du général Metzinger marchait en tête, le 1er bataillon du régiment d'Algérie formant la tête d'avant-garde ; ve-

---

(1) Du sommet de cette crête, la colonne aperçut, pour la première fois, Tananarive, où elle ne devait entrer que quatre jours plus tard.

(2) Ambohipiara est le lieu de naissance de la reine.

naient ensuite le 3e bataillon du même régiment, les 16e et 9e batteries et le 2e bataillon ; puis, le groupe entier du général Voyron. En raison de la très grande proximité de l'ennemi, la cavalerie marchait en arrière du bataillon de tête.

De l'emplacement des avant-postes, où il s'était rendu dès 5 heures du matin, le général commandant l'avant-garde constata la présence de nombreux contingents ennemis sur les pentes de l'Antanjombato, dans le village de Sabotsy et jusque sur les crêtes rocheuses qui dominent ce village à l'ouest et où se profilait un ouvrage avec embrasures.

Contrairement à son habitude, l'ennemi n'ouvrit pas le feu sur la pointe d'avant-garde au moment où elle déboucha en deçà de la ligne des avant-postes. Ordre fut alors donné au bataillon tête d'avant-garde de gagner rapidement, en formation déployée et en échelons, un petit hameau situé à 600 mètres environ en avant du village de Sabotsy ; à l'abri de ce couvert, il devait reconnaître le terrain et prendre ses dispositions d'attaque.

Les deux premières compagnies arrivèrent au point désigné sans essuyer le feu de l'ennemi, qui n'était pourtant qu'à 400 ou 500 mètres de distance; mais, lorsque les deux autres compagnies quittèrent la piste pour suivre la même direction, un coup de canon, parti de l'ouvrage dont il a été parlé plus haut, vint donner le signal d'un feu de mousqueterie très nourri, qui partit simultanément de toute la ligne de crêtes et de tous les rochers.

L'espace découvert qui séparait ces deux compagnies du hameau désigné fut franchi d'un bond, au pas gymnastique; les compagnies se déployèrent rapidement, ensuite, derrière les murs et ripostèrent, par des salves, au feu de l'ennemi, dont l'intensité allait croissante et qui blessa, presque immédiatement, six hommes du 1er bataillon du régiment d'Algérie, dont deux très grièvement.

Le général en chef, qui arrivait au hameau sur ces entrefaites, approuva les dispositions prises par le général Metzinger et fit prendre position aux batteries, dont les obus réduisirent bientôt au silence l'artillerie ennemie. Cependant, la fusillade, toujours très vive, ne pouvait se prolonger qu'à notre désavantage, puisque nous étions en partie à découvert vis-à-vis d'un ennemi posté et abrité. Ordre fut, alors, donné au commandant du 1er bataillon de lancer trois compagnies en avant, après leur avoir fait déposer les sacs, de façon à déblayer les abords de la position.

Ces compagnies exécutèrent vivement l'ordre; mais les Hovas n'attendirent pas l'assaut et s'enfuirent précipitamment, poursuivis par des feux de salve et des obus, les uns vers le sud, derrière le village de Sabotsy, les autres vers l'est, par la piste même que devait suivre la colonne. (Il était alors 6 h. 30.)

Le 1er bataillon et la cavalerie s'attachèrent aux premiers; ils les poursuivirent, par Sabotsy, jusqu'à Soavinimerina, les dispersèrent complètement et en rejetèrent le plus grand nombre sur la rive gauche de l'Ikopa. Le 3e bataillon du régiment d'Algérie fut lancé à la poursuite des seconds; mais, malgré sa diligence, il n'arriva sur l'Antanjombato que pour voir les fuyards déjà parvenus de l'autre côté des rizières du Manarano, à peu près hors de portée de ses fusils. Heureusement, la 16ᵉ batterie, qui avait suivi le mouvement, put ouvrir le feu sur les groupes qui gravissaient les premières pentes du Fandrozana et acheva leur dispersion.

La marche générale fut reprise à 7 h. 30, le 3ᵉ bataillon d'Algérie en tête, suivi par les deux batteries, le 2ᵉ bataillon du même régiment et le groupe du général Voyron. Après avoir traversé, non sans peine, les rizières du Manarano, la colonne s'engagea sur la piste qui serpente le long du versant nord du Fandrozana. Arrivée au sommet de cette hauteur, la pointe d'avant-garde fut saluée par une décharge. Le gros de l'avant-garde pressa le pas; dès qu'elle atteignit la crête, elle vit fuir, à ses pieds, 300 à 400 traînards hovas, auxquels ses feux de salve, à très bonne portée (400 à 600 mètres), firent éprouver des pertes sensibles.

La descente du Fandrozana s'opéra sans incident; mais en arrivant à hauteur de Tsimahandry la tête de colonne fut accueillie par le feu, très bien repéré, de trois pièces d'artillerie en position sur les hauteurs d'Ambohipiara. Un obus, tombant sur une compagnie du 2e bataillon du régiment d'Algérie, tua net un caporal.

Mais les deux batteries d'avant-garde prirent aussitôt position et ouvrirent le feu contre les hauteurs d'Ambohipiara, tandis que le 3e bataillon du régiment d'Algérie, ayant déposé ses sacs, se mettait en mouvement pour les aborder directement et que le 2e bataillon du même régiment s'apprêtait à les tourner par l'est.

D'autre part, le 1er bataillon du régiment d'Algérie, revenant au canon, par la route de Soavinimerina, commençait à déboucher sur les derrières de la position de l'ennemi, et le groupe du général Voyron, descendu du Fandrozana, se massait à hauteur de Tsimahandry. C'était plus qu'il n'en fallait pour démoraliser l'ennemi, qui ne tarda pas d'abandonner ses positions, bientôt occupées par les 2e et 3e bataillons du régiment d'Algérie.

A 3 heures du soir, la colonne dressait ses tentes dans la plaine indiquée la veille par le général en chef, à l'ouest du village de Tsimahandry. Quant aux avant-postes, ils prirent position à Ambohipiara, sur la crête d'Alakamisy et sur un des pitons de la crête qui limite la plaine du côté du nord.

Les trois combats successifs qu'avait eu à livrer l'avant-garde dans cette fatigante journée nous avaient coûté 1 caporal tué, 7 hommes blessés (dont 2 très grièvement) et 7 disparus.

Le 27, la colonne fit séjour au camp de Tsimahandry. Cet arrêt s'imposait, pour donner un repos indispensable aux troupes des deux groupes principaux et pour permettre au troisième échelon (colonel de Lorme) de rejoindre les deux premiers, de façon que la colonne fût complètement concentrée pour attaquer l'ennemi dans ses derniers retranchements.

Cette concentration de tous les éléments s'imposait d'une façon d'autant plus impérieuse que la colonne légère n'était plus alors qu'à 20 kilomètres à vol d'oiseau de la capitale de l'Emyrne qu'on apercevait distinctement des hauteurs d'Ambohipiara, mais dont la séparait la vaste plaine de rizières dont il a été parlé plus haut.

Dans ces conditions, attaquer Tananarive par le nord-ouest, suivant la direction générale de la ligne de marche, devait entraîner, non seulement l'obligation de s'ouvrir, à grand'peine, un passage à travers les champs profondément défoncés et les digues qui les séparent, mais encore aurait pour conséquence d'obliger la colonne à défiler, en formation très mince, sous le feu de hauteurs isolées qu'occupait l'ennemi, à franchir le Mamba, affluent de l'Ikopa, près de son confluent, où il est large et très profond, enfin, à attaquer la place de bas en haut, avec une différence de niveau de plus de 150 mètres et sans qu'on pût disposer d'aucun emplacement favorable pour l'artillerie. Ces considérations, qui préoccupaient de longue date le général commandant en chef, le déterminèrent à décrire, autour de Tananarive, un grand arc de cercle, pour attaquer la place par l'est et le sud-est, malgré les difficultés que devait présenter une pareille marche de flanc, exécutée presque en vue et sous le feu de l'ennemi (1).

---

(1) Il semble résulter d'informations concordantes et d'apparence authentique que cette marche de flanc, délicate, et presque dangereuse, outre les facilités d'attaque qu'elle créa

Le 27, dans la soirée, le troisième échelon rallia les deux autres groupes. Il fut immédiatement disloqué; le 3e bataillon du 200e fut rattaché au groupe du général Metzinger et le bataillon mixte de la marine à celui du général Voyron, ce qui permit de reconstituer, séance tenante, le bataillon de Haoussas et le 3e bataillon d'infanterie de marine. Le colonel Bouguié, commandant du 13e régiment de cette arme, eut, ainsi, sous ses ordres le bataillon malgache et le 1er bataillon de

---

à la colonne, eut des avantages politiques d'une haute importance. L'ennemi, qui, nous voyant arrivés si près de Tananarive, en attendait l'attaque dès le 27 et qui préparait un exode général de la population et du gouvernement, conçut, en nous voyant arrêtés le 27, l'idée que nous cédions à un mouvement d'intimidation, ou, au moins, d'hésitation; il crut de même, le 28 et le 29 septembre, que nous voulions battre en retraite, d'abord, par Ambohimanga et la haute vallée de la Betsiboka, puis, par la route de Tamatave, et ne comprit le plan du général en chef que le 30, dans la matinée, alors qu'il était trop tard pour reprendre les projets de fuite, abandonnés, depuis trois jours, sous l'influence de ces singulières illusions.

son régiment, tandis que le colonel de Lorme commandait le 3ᵉ bataillon du même régiment et le bataillon de Haoussas.

Dans la matinée de ce même jour, le général commandant en chef avait fait reconnaître par une compagnie du bataillon malgache, sous la direction d'un officier du service des renseignements (capitaine Martinie), qu'accompagnait un officier du génie, le sentier qui conduit à Ambohimanga, en suivant le pied des crêtes qui ferment la plaine au nord et en passant par Alakamisy, Fiakarana et Ambohidava, pour aboutir à Imerimandroso. Dans cette reconnaissance, la compagnie n'avait rencontré aucune troupe hova et la piste avait été reconnue à peu près muletière sur tout son parcours.

Combat d'arrière-garde, à Alakamisy (28 septembre). — Le général en chef s'étant décidé, comme il a déjà été dit, à tourner Tananarive par le nord et par l'est, le grand mouvement circulaire que comportait cette marche commença, le 28, à la pointe du jour.

Une flanc-garde, composée du 3ᵉ bataillon du régiment d'Algérie et de la 16ᵉ batterie, sous les ordres du colonel Oudri, prit position sur les hauteurs d'Alakamisy, pour couvrir la colonne pendant sa marche; en outre, le 1ᵉʳ bataillon du régiment d'Algérie fut chargé de l'escorte immédiate du convoi et laissa à l'arrière-garde ses 1ʳᵉ et 2ᵉ compagnies.

L'avant-garde et le gros de la colonne arrivèrent sans incident, vers midi, à l'emplacement fixé pour le bivouac, à 3 kilomètres environ dans le sud-ouest d'Ambohimanga. Quant au convoi, dont la marche s'effectua d'abord tranquillement, il se vit, peu à peu, vers 1 heure de l'après-midi, serré par l'ennemi, qui s'était insensiblement rapproché de l'arrière-garde, par petits groupes et bientôt, de toutes les crêtes, de tous les murs de villages, partirent de nombreux coups de fusil, qui obligèrent les deux compagnies d'arrière-garde à s'arrêter et à faire face.

Les Hovas parurent, d'abord, battre en retraite; mais ils revinrent bientôt à la charge derrière les deux compagnies, qui durent se retirer par échelons; l'ennemi devint alors plus pressant, blessa six de nos hommes et chercha à gagner les flancs du convoi et du troupeau. Les deux compagnies, dont les mouvements se trouvaient ralentis par la nécessité d'enlever les blessés et quelques traînards laissés par le convoi, se trouvèrent, un moment, presque enveloppés et leur situation s'aggravait du fait qu'il ne leur restait plus qu'une petite quantité de cartouches.

A ce moment, une cinquantaine de conducteurs sénégalais du convoi et, bientôt après, le colonel Oudri, avec le 3e bataillon du régiment d'Algérie, arrivèrent à l'aide des compagnies d'arrière-garde et l'intervention de ces nouveaux éléments, très vigoureusement conduits, rétablit promptement le combat. L'arrière-garde, et le convoi dégagés reprirent, aussitôt, leur marche ; mais l'arrière-garde ne put atteindre le bivouac qu'à 8 heures du soir.

La troupe ennemie qui avait poussé, contre nos derrières, cette vigoureuse attaque était commandée par Rainianzalahy et comprenait environ 2.000 hommes. Cette troupe se maintint sur nos derrières et ne cessa, depuis lors, de nous inquiéter, jusqu'à la prise de Tananarive. Néanmoins, la nuit fut calme et, le 29, au lever du jour, la colonne reprit sa marche contre Tananarive.

Combat de Sabotsy-Amboniloha (29 septembre). — Dès qu'elle approcha de Lazaina, la colonne se heurta contre une partie de la garnison de la capitale. Quelques feux de salve suffirent, d'abord, à tenir l'ennemi à distance ; mais, lorsque la tête d'avant, formée du peloton de cavalerie, du 2e bataillon du régiment d'Algérie et de 11e compagnie du génie, déboucha sur la place du village de Sabotsy, elle fut accueillie par une vive fusillade et par une canonnade, qui lui blessèrent un officier et trois hommes.

Le bataillon se déploya immédiatement et gagna sur son flanc droit, le hameau de Nametana, qu'il occupa, pendant que le 3e bataillon du 200e, qui formait la tête du gros, appuyait à gauche, de façon à déborder l'aile droite de l'ennemi et attendit, pour s'engager davantage, que l'artillerie eût pris position.

Les Hovas ayant, alors, battu en retraite, sans attendre l'attaque, le général en chef, pour dégager les abords du village d'Ilafy lança en avant jusque vers Amboniloha deux compagnies de tirailleurs malgaches et deux compagnies du 1ᵉʳ bataillon d'infanterie de marine, avec une section d'artillerie, sous les ordres du commandant Borbal-Combret. Après une assez vive fusillade, qui ne nous coûta qu'un homme blessé, la colonne, restée maîtresse du terrain, put, vers midi, s'établir au bivouac, au point prévu par l'ordre de mouvement, dans une dépression de terrain au sud-ouest du village d'Ilafy, à 8 kilomètres, à vol d'oiseau, du palais de la reine,

La dépression où le camp était établi est limitée : au nord et à l'est, par une ligne de crêtes, d'une hauteur de 150 mètres environ, jalonnée par les villages d'Ilafy et d'Ambohibé; au sud, par une série de mamelons, d'une trentaine de mètres de relief, sur lesquels sont construits les villages de Mandrosoa et d'Ambatofotsy ; à l'ouest, enfin, par des collines de 60 mètres environ de hauteur, qui se raccordent, vers Ambatofotsy, aux collines du Sud.

Les villages d'Ambohitrarahaba et d'Amboniloha, dont il a déjà été question, occupent une longue croupe qui descend de ces dernières collines dans la direction de l'ouest.

Prise de Tananarive (30 septembre). — Pour protéger le camp contre toute surprise et pour assurer, en même temps, à la colonne la possession de tous les débouchés dans la direction de Tananarive, le général en chef avait fait occuper par ses avant-postes les villages d'Ilafy et d'Ambohibé, au nord et à l'est, et ceux d'Ambohitrarahaba et d'Ambatofotsy, au sud et à l'ouest. Sous la protection des grand'gardes, il se rendit, de sa personne, sur la colline cotée 1.300, au nord d'Ambatofotsy, afin de reconnaître le terrain sur lequel devait se dérouler l'action définitive contre Tananarive.

La capitale de l'Emyrne est située sur un plateau rocheux, très étroit, allongé dans la direction du nord au sud, dont les pentes est et ouest sont, partout, fort abruptes et, en certaines parties, presque verticales. Ce plateau a la forme d'un Y dont les deux branches, dirigées vers le nord, se raccordent en pente douce avec le fond des rizières, tandis que la branche unique, dirigée vers le sud, se termine par une croupe escarpée.

Le palais de la reine qui occupe le sommet du plateau (1.458 mètres), se trouve, vers le centre de cette branche unique et domine le cours de l'Ikopa et les rizières avoisinantes de 200 mètres environ.

Du côté de l'est et du nord est, trois chaînes de hauteurs se développent parallèlement au plateau de Tananarive. La première, distante de la capitale de 2.150 mètres environ, est jalonnée, en partant du Sud, par l'observatoire d'Ambohidempona (1.402 mètres), par le village d'Andrainarivo (1.415 mètres) et par deux groupes de masures en ruines, cotés, l'un 1.330 et l'autre 1.311 mètres. La deuxième chaîne, moins longue et moins élevée que la première (collines de l'Ankatso), court, à 1.500 mètres environ, à l'est de la première. Enfin, la troisième chaîne est celle dont il a déjà été question, qui, partant du village d'Ilafy au nord, se dirige vers le sud en passant par le village d'Ambohibé (1.450 mètres d'altitude).

Ces trois chaînes sont réunies par une ligne de faîte transversale et d'un niveau sensiblement inférieur, sur laquelle se trouvent les villages de Soamandrarina, d'Ambatromaro et d'Andraisoro.

Les Hovas occupaient fortement et en grand nombre la première chaîne, notamment l'observatoire et le village d'Andrainarivo. Ils avaient, en outre, établi des batteries sur les mamelons cotés 1330 et 1311. C'était, évidemment sur cette avant-ligne que les Hovas comptaient concentrer tous leurs efforts pour couvrir la ville même de Tananarive.

Après un examen attentif de la position, le général en chef arrêta comme il suit le dispositif d'attaque pour la journée du 30.

L'opération devait comprendre deux phases distinctes : 1º attaque et occupation de la première ligne de crêtes, qui s'étend de l'observatoire dans la direction du nord ; 2º bombardement et, s'il était nécessaire, assaut de Tananarive. La colonne devait effectuer ces opérations en deux échelons : l'un, à gauche, commandé par le général Metzinger, serait chargé de l'attaque débordante par le sud et de l'attaque de front vers le palais de la reine ; l'autre, à droite, sous les ordres du général Voyron, formerait le pivot du mouvement et attaquerait par le nord-est.

L'échelon de gauche comprendrait les trois bataillons du régiment d'Algérie, le 3e bataillon du 200e et le bataillon malgache (chargé spécialement du mouvement débordant vers le sud), plus, les 9e et 16e batteries, la 13e compagnie du génie et la cavalerie ; l'échelon de droite, les 1er et 3e bataillons du 13e régiment d'infanterie de marine, le bataillon haoussa, la 8e batterie et la 11e compagnie du génie.

Le général Metzinger reçut l'ordre de se mettre en marche avant le jour, en dissimulant son mouvement, sur les pentes est de la troisième ligne de crêtes, pour gagner, par Soamandarina et Ambatomaro, la deuxième ligne de crêtes (l'Ankatzo), d'où il attaquerait, sur la première ligne, les deux pitons de l'observatoire et d'Andrainarivo.

Le général Voyron devait, de son côté, masser ses forces vers Ambatofotsy et, tout en protégeant les convois, rassemblés dans un vallon situé au nord-est de ce village, attaquer les pitons de la première ligne cotés 1311 et 1330, quand se dessinerait l'attaque du général Metzinger contre le sud de cette même chaîne.

Ce programme dut être légèrement modifié, le 30 au matin, par suite de la réapparition, vers Sabosty, au nord d'Ilafy, du corps de Rainianzalahy, qui, avant 6 heures du matin, ouvrit (avec deux canons) un feu très vif d'artillerie contre le convoi et son escorte. Le général commandant en chef dut, dès lors, maintenir en arrière, à Ilafy, sous le commandement supérieur du colonel de Lorme, trois compagnies du bataillon haoussa, avec une compagnie du 3e bataillon du 13e régiment d'infanterie de marine et envoyer deux autres compagnies de ce dernier bataillon, l'une, à Ambohibé, l'autre à Ambohitrarahaba, pour couvrir les flancs de l'échelon de droite.

Le mouvement du général Metzinger, par la ligne de crêtes, très accidentée, qu'il avait reçu l'ordre de suivre, fut nécessairement fort long, d'autant plus que son flanc gauche fut menacé, pendant cette marche, par de nombreux groupes de tirailleurs ennemis, embusqués dans tous les villages. Ce n'est guère qu'à 8 h. 1/2 que la tête de sa colonne put déboucher en face des crêtes rocheuses de l'Ankatso, que l'ennemi prévenu avait eu le temps d'occuper fortement.

Une section de la 16e batterie se mit aussitôt en batterie et ouvrit le feu (à 8 h. 45), contre l'Ankatso, pour appuyer le mouvement en avant que devait exécuter le bataillon malgache, soutenu par le 3e bataillon du régiment d'Algérie.

A 9 h. 30, le premier de ces bataillons occupait le sommet de l'Ankatso, pendant que le 3e bataillon du régiment d'Algérie s'établissait un peu en arrière du village d'Ambatomaro. Dans cette première attaque, le bataillon malgache avait eu un officier et un tirailleur blessés.

Les autres troupes de l'échelon de gauche vinrent alors se masser successivement à l'abri des hauteurs d'Ankatso, d'où la 9e batterie et une section de la 16e ouvrirent le feu (à 11 h. 45), d'abord contre l'observatoire, puis contre le village d'Andrainarivo. L'artillerie hova riposta vigoureusement et ce n'est qu'à midi 35 qu'elle renonça à la lutte, après avoir reçu soixante-dix sept obus.

Pendant ce temps et aussitôt après la prise de l'Ankatso par la tête de colonne de l'échelon de gauche, la 8ᵉ batterie, de l'échelon de droite, avait également ouvert le feu contre l'artillerie ennemie installée sur les pitons 1311 et 1330. Elle eut, aussi, quelque peine à éteindre le feu de cette artillerie, servie par des défenseurs beaucoup plus tenaces qu'à l'ordinaire et dont les projectiles couvraient les abords du pli de terrain où étaient massés, hors de la vue de l'ennemi, les 1.300 mulets du convoi.

Dès le début de cette lutte d'artillerie, le bataillon malgache avait commencé son mouvement à l'extrême gauche de la ligne, dans la direction de l'Observatoire ; aussitôt que le feu des batteries hovas établies en ce point eût été à peu près éteint, il s'élança contre cette position et l'occupa vers midi 45, ne perdant, dans cette attaque, que deux tirailleurs blessés.

Malheureusement, à sa droite, le 3ᵉ bataillon du régiment d'Algérie, qui devait servir de pivot à l'attaque de l'échelon de gauche, avait prononcé avec trop de hâte son mouvement en avant. Deux compagnies de ce bataillon réussirent bien à enlever le village d'Andraisoro ; mais, quand elles voulurent déboucher de ce village, avant que leur attaque eût été préparée par l'artillerie, pour se porter contre le village d'Andrainarivo, elles furent accueillies par un feu des plus violents et durent se replier sur Andraisoro, ayant eu, dans cet engagement prématuré, deux sous-officiers et quatre tirailleurs tués, deux officiers et dix-sept tirailleurs blessés.

Une contre-attaque fut même tentée, à ce moment, par les Hovas contre Andraisoro ; elle fut arrêtée par les feux de salve du reste du bataillon et par les feux de flanc de la 8e batterie, de l'échelon de droite, qui, après avoir éteint le feu des pitons 1311 et 1330, s'efforçait d'appuyer le mouvement en avant du général Metzinger.

En même temps, d'ailleurs, le général commandant en chef avait prescrit au général Voyron de faire occuper, par cinq des six compagnies d'infanterie de marine qui restaient disponibles, les deux pitons dont il vient d'être parlé, ce qui fut exécuté avec un entrain et une rapidité remarquables. Une de ces compagnies put même, ensuite, appuyer par le nord-est l'attaque contre Andrainarivo et aider à l'occupation de ce point, que couronna le 3ᵉ bataillon du régiment d'Algérie, suivi du 3ᵉ bataillon du 200ᵉ.

Aussitôt maître de l'observatoire, le bataillon malgache avait retourné contre Tananarive deux canons qui y étaient tombés entre ses mains (1). Ces pièces, intelligemment et vigoureusement servies par quelques officiers et sous-officiers du bataillon, détournèrent l'attention de l'ennemi et facilitèrent également l'occupation d'Andrainarivo. A 1 1/2, la ligne entière de crêtes qui constituait la position de défense extérieure de Tananarive était en notre pouvoir. Il ne nous restait plus qu'à enlever la ville elle-même.

---

(1) Les hausses de ces canons ayant été emportées par l'ennemi, le commandant Ganeval eut l'heureuse inspiration de les faire remplacer par des hausses en bois, improvisées sur place, qui suffirent pour permettre d'entretenir le feu jusqu'à l'arrivée des batteries du groupe de gauche.

Celle-ci, qui était demeurée muette jusque-là, venait, à son tour, d'ouvrir, contre nos positions, le feu de deux fortes batteries établies au palais et celui de plusieurs pièces disséminées sur divers autres points.

Le général en chef confirma alors (il était, à ce moment, 2 heures), ses ordres antérieurs, qui prescrivaient d'ouvrir contre les batteries de la ville un bombardement lent, avec projectiles à la mélinite, qui devait durer environ une heure ; il fit, en même temps, former six colonnes d'assaut, de deux compagnies chacune, qui, conduites par des guides choisis parmi les gradés et soldats de l'ancienne escorte du résident général et accompagnées de détachements de sapeurs munis de pétards, devaient aborder Tananarive, au nord et à l'est, en suivant six itinéraires indiqués, convergeant tous vers le palais de la reine et vers celui du premier ministre. L'artillerie devait, de son côté, appuyer le mouvement des colonnes d'assaut, en élevant successivement son tir, pour éteindre le feu de tous les centres de résistance qui se formeraient en avant de nos troupes.

Les 9e et 16e batteries avaient quitté

leurs positions de l'Ankatso, à 1 heure; mais retardées encore par les difficultés du terrain, elles ne purent arriver qu'à 2 h. 40 sur les hauteurs de l'observatoire. Par contre, la 8e batterie, de l'échelon de droite, avait pu gagner, vers 1 heure, le piton 1330 et, de ce point, ouvrir un feu efficace contre une batterie ennemie établie dans le nord de la ville.

A 2 h. 55, le bombardement général commença. Le tir de l'artillerie fut rapidement réglé et chacune des 16e et 9e batteries tirèrent cinq obus à la mélinite (1) sur

---

(1) On a déjà vu que, dans tous les engagements où l'artillerie eut à faire l'emploi d'obus à la mélinite, les résultats produits par l'éclatement de ces projectiles ont été considérables et bien supérieurs à ceux obtenus par l'usage des obus à mitraille du même calibre.

Il n'est pas hors de propos d'ajouter que, durant tout le cours de la campagne, la force des circonstances a obligé à traiter, sans ménagements particuliers, les projectiles allongés, qui ont subi des épreuves très dures, soit dans les transbordements sur les chalands, soit dans les transports par voitures Lefebvre ou à dos de mulet. Dans ces derniers transports, non plus que pendant les différents combats, il n'a jamais été fait de différence entre le mode de

les batteries ennemies établies sur la terrasse du palais de la reine.

Les dégâts matériels, les pertes subies et l'effet moral produit par ce tir sur les Hovas furent tels que, vers 3 h. 30, un pavillon blanc fut hissé sur le palais, en remplacement du pavillon de la reine. Les colonnes d'assaut étaient alors sur le point de se porter en avant ; celle de l'extrême gauche (bataillon malgache), qui devait constituer l'aile débordante par le sud, avait même déjà gagné le pied des pentes et commencé à les escalader, quand un parlementaire, précédé d'un immense drapeau blanc, se présenta devant nos lignes.

---

transport ou d'emploi des projectiles à la mélinite et celui des autres projectiles ; plus d'un coffre contenant les premiers a éprouvé des chocs violents, a même roulé dans les ravins, avec le mulet porteur, sans qu'il en soit résulté, ni dégradations, ni accidents.

Quant à la proportion de 15 p. 100 dans l'approvisionnement en obus allongés des batteries de montagne de 80 millimètres, qui avait été adopté pour l'expédition de Madagascar, elle paraît rationnelle et semble pouvoir être maintenue pour les expéditions coloniales du même ordre.

Ce personnage était Marc Rabibisoa, deuxième secrétaire et interprète pour le français du premier ministre ; il n'avait, du reste, d'autre mission que de demander, de la part de la reine et de son gouvernement (dont il confirma la présence à Tananarive), la cessation immédiate du feu. Le général en chef ne refusa pas de l'accorder, mais en donnant quarante-cinq minutes seulement au parlementaire pour aller chercher des négociateurs mieux qualifiés ou, du moins, munis de pouvoirs plus étendus ; il ajouta qu'en toute hypothèse, de gré ou de force, il entendait occuper la ville, le soir même.

Quelques minutes avant l'heure indiquée, arrivait, en hâte, un fils du premier ministre, accompagné du soi-disant ministre des affaires étrangères ; ils venaient apporter, non seulement l'assurance que nos troupes pouvaient pénétrer en ville sans avoir à craindre aucune résistance, mais encore la déclaration du gouvernement que les hostilités ne seraient pas reprises.

Le général en chef poussa, aussitôt, en avant, sous les ordres du général Metzinger, désigné d'avance pour être gouverneur militaire de Tananarive, 4 bataillons, 1 batterie et les 2 compagnies du génie. Lui-même resta, de sa personne, avec le groupe du général Voyron (4 bataillons, 2 batteries et le convoi) sur les crêtes de l'est, prêt à faire brûler la ville, comme il en avait marqué la résolution aux parlementaires renvoyés en avant de nos colonnes, si le général Metzinger se heurtait à quelque surprise.

Avant leur départ pour Tananarive, il avait annoncé aux négociateurs hovas qu'il entrerait en ville, le lendemain, 1er octobre, à 8 heures du matin, pour s'installer à la résidence générale de France et qu'il y recevrait, à une heure de l'après-midi, les représentants du gouvernement accrédités pour traiter de la paix. Il donna, enfin, des ordres pour la remise immédiate aux troupes du général Metzinger de tous les canons, fusils et projectiles restés en ville.

Pour ne pas interrompre le récit de la prise de Tananarive, on a tardé à faire mention d'un combat très honorable, soutenu par l'arrière-garde que le général en chef avait laissée à Ilafy, sous le commandement du colonel de Lorme, avec l'ordre d'arrêter, à tout prix, le mouvement du corps de Rainianzalahy (2.000 hommes environ avec deux canons).

Le colonel de Lorme avait dû, d'abord, jusqu'à l'entier écoulement de la colonne et du convoi, rester sur la défensive, en butte aux coups de l'artillerie et à la fusillade de l'ennemi ; des feux de salve exécutés par les compagnies de Haoussas, à bonne distance et avec un rare sang-froid, avaient suffi, du reste, pour arrêter les mouvements d'attaque de l'ennemi.

Mais, vers 11 heures du matin, quand le convoi eut fini de s'écouler et se trouva suffisamment protégé par les troupes du groupe de droite, le commandant de l'arrière-garde, libre de ses mouvements, prit vigoureusement l'offensive contre le village de Sabotsy, centre de la ligne ennemie. Deux compagnies de Haoussas, lancées en avant, tandis qu'une autre compagnie dessinait, à gauche, un mouvement débordant, gravirent brusquement, d'un seul élan, les pentes sur lesquelles est construit ce village, culbutèrent l'ennemi et enlevèrent, à la baïonnette, les deux canons, vigoureusement défendus, cependant, par les artilleurs hovas, dont plusieurs furent tués sur leurs pièces.

A midi et demi, l'arrière-garde restait maîtresse du terrain, l'ennemi ayant disparu dans la direction du nord et de l'ouest.

Cette affaire secondaire, qui coûta aux trois compagnies de Haoussas 2 tirailleurs tués et 12 blessés, est de nature à leur faire grand honneur ; leur calme sous le feu de l'artillerie, dont presque tous les coups portaient au milieu d'eux, n'a eu d'égal que leur élan quand ils se sont portés à l'attaque de la position ennemie.

La nuit du 30 septembre au 1er octobre s'étant passée sans incident, le général en chef fit son entrée à Tananarive le 1er octobre, à 8 heures du matin, ainsi qu'il l'avait annoncé et, à 8 h. 45, le drapeau tricolore était hissé, avec les honneurs réglementaires, sur l'hôtel de la résidence générale qui était demeuré presque intact.

A l'heure fixée, également, les hauts fonctionnaires hovas chargés de négocier la paix se présentèrent chez le général en chef. Le traité signé par eux, à 3 heures de l'après-midi, fut ratifié, le jour même, par la reine Ranavalo et rapporté au quartier général à 8 heures du soir (1).

---

(1) La signature de la paix fut notifiée aux troupes par l'ordre du jour ci-après :

« *Ordre général n° 78.*

» Officiers, gradés et soldats de la colonne légère,

» L'effort que je vous demandais, par mon ordre général, n° 68, du 8 septembre, pour atteindre Tananarive, a porté les fruits que j'en attendais.

» Une marche presque ininterrompue, de quinze jours, marquée de fréquents combats, nous a amenés d'Andriba à la capitale. Vous avez su triompher de tous les obstacles qui vous étaient opposés et, le 30 septembre, au soir, après une action laborieuse et brillante pour nos armes, nous entrions en vainqueurs à Tananarive.

» Les négociations en vue de la pacification, commencées aujourd'hui, ont abouti, dès ce soir, à la signature du traité de paix, qui deviendra définitif aussitôt qu'il aura été ratifié par les Chambres et par le gouvernement de la République.

» Cet heureux résultat est dû à votre persévérance et à votre énergie ; je tiens à vous en

Le succès définitif de la colonne légère, quoique obtenu plus facilement qu'il n'était permis de l'espérer, nous avait cependant, coûté des pertes relativement sensibles : officiers, 4 blessés ; hommes de troupe, 10 tués, 52 blessés, 12 disparus. Il avait été consommé environ 81.000 cartouches d'infanterie et 362 projectiles d'artillerie.

Outre les quatre canons enlevés à l'ennemi dans la journée du 30 septembre, nous trouvâmes, répartis entre les divers emplacements de batteries de la ville, 74 canons ou mitrailleuses de divers modèles (dont 30 modernes) et une énorme quantité de munitions de toute sorte pour artillerie et infanterie.

---

remercier, sans attendre les félicitations que la France, fière de votre succès, ne manquera pas de vous adresser.

» Fait au quartier général, à Tananarive, le 1ᵉʳ octobre 1895.

» *Le général commandant en chef.*
» Signé : Cʜ. Duchesne.
» Pour ampliation :
» *Le chef d'état-major,*
» Signé : Torcy. »

Pendant cette longue marche de dix-sept jours et les combats, presque ininterrompus, des quatre dernières journées, le général en chef avait apprécié hautement l'énergique et intelligente direction donnée aux opérations par MM. les généraux Metzinger et Voyron, ainsi que l'entrain et la vigueur de toutes les troupes dont certains éléments avaient dû accomplir des efforts considérables (1).

Après leur avoir, tout d'abord, témoigné ces sentiments par son ordre général n° 78, il eut encore la vive satisfaction de pouvoir porter à leur connaissance, par la

---

(1) Furent cités à l'ordre du corps expéditionnaire, à la suite des marches et opérations de la colonne légère : 1° dans l'armée de terre : les capitaines Delbousquet, Brundsaux, Perrot, Courtois, le lieutenant Larbi ben Amar, l'adjudant Philibert, du régiment d'Algérie; le capitaine Gendron, de l'artillerie; le capitaine Aubier, de la cavalerie; le capitaine Iraçabal, du train; 2° dans l'armée de mer : le colonel de Lorme, le commandant Ganeval, les capitaines Staup, de Fitz-James, Aubé, le lieutenant Dominé, le sergent Leroux, de l'infanterie de marine.

même voie, le télégramme (1), en date du 10 octobre, par lequel le ministre de la guerre, au nom du gouvernement, avait bien voulu féliciter le corps expéditionnaire du succès de ses opérations.

---

(1) « *Ordre général* n° 88.

» Le général commandant en chef a la vive satisfaction de porter à la connaissance des officiers et des hommes de troupe des armées de terre et de mer sous son commandement, le télégramme suivant qu'il vient de recevoir de M. le ministre de la guerre :

» Paris, le 10 octobre 1895.

» La France entière et le gouvernement de la République vous adressent, général, leurs félicitations, ainsi qu'aux officiers, sous-officiers et soldats des armées de terre et de mer du corps expéditionnaire.

» Vos admirables troupes, celles de la colonne de Tananarive comme celles qui gardent vos communications après les avoir ouvertes au prix d'efforts inouïs, ont bien mérité de la Patrie.

» La France vous remercie, général, des services que vous venez de rendre et du grand exemple que vous avez donné; vous avez prouvé, une fois de plus, qu'il n'est pas d'obstacles ni de périls dont on ne vienne à bout

6° **Occupation de Tananarive. — Déblocus de Tamatave et répression des mouvements insurrectionnels** (1ᵉʳ octobre 1895-18 janvier 1896).

Répartition des troupes de la colonne légère entre l'intérieur et les environs de Tananarive. — Ainsi qu'il a déjà été indiqué, parallèlement au plateau de Tananarive s'étend, du côté de l'est, une ligne de crêtes dont les deux pitons principaux (observatoire et Andrainarivo) ne sont qu'à 2.300 mètres, en moyenne; du palais de la reine

---

avec du courage, de la méthode et du sang-froid.

» Le gouvernement propose la création d'une médaille de Madagascar qui sera donnée à toutes vos troupes. »

« Par ce même télégramme, M. le ministre de la guerre annonce que le général commandant en chef est élevé à la dignité de grand-officier de la Légion d'honneur.

» Fait au quartier général, à Tananarive, le 18 octobre 1895.

» *Le général commandant en chef,*
» Signé : Ch. Duchesne.

» Pour ampliation :
» *Le chef d'état-major,*
» Signé : Torcy. »

et des points principaux de la ville. En outre, du côté de l'ouest, se détache du même plateau, à hauteur du palais de la reine, une haute colline ronde, dite d'Ambohijanahary (1.395 mètres) dont la croupe méridionale s'abaisse, en un long plateau, vers le vieux palais de Soanerana, récemment transformé en cartoucherie par les Hovas.

L'artillerie fut installée, en cantonnement-bivouac, sur les positions de l'est (2 batteries) et sur la colline d'Ambohijanahary, à l'ouest (1 batterie), de manière à tenir sous son feu, à portée efficace, le palais de la reine et les points culminants de la ville. Quatre bataillons furent maintenus, également, à portée des batteries, prêts à soutenir l'artillerie et couvrant, en même temps, la place vers l'ouest et le nord ; un cinquième bataillon fut réparti entre la colline d'Ambohijanahary et le plateau de Soanerana, protégeant la ville, à l'est et l'éclairant vers le sud. Les trois bataillons restants furent cantonnés dans l'intérieur de la ville, de façon à garder, plus particulièrement, l'un, le palais de la reine, une autre, la résidence générale et le troisième, les magasins administratifs, établis sur la place d'Analakély, entre les deux branches de l'Y.

Toutes ces troupes furent placées sous les ordres du général Metzinger, nommé gouverneur militaire de Tananarive ; le général Voyron resta spécialement chargé, sous les ordres du général Metzinger, du commandement des troupes cantonnées dans la banlieue.

Mais il ne suffisait pas de garder les environs mêmes de Tananarive ; il fallait rouvrir, aussi, les communications de la colonne légère avec sa base de ravitaillement, toujours établie à Mangasoavina. Deux convois venant de ce poste étaient attendus, les 4 et 6 octobre ; il était d'autant plus urgent de garder la route par laquelle ils devaient déboucher que des partis ennemis étaient signalés comme tenant encore la campagne dans cette direction.

Dès le 1er octobre au soir, deux compagnies de Haoussas furent dirigées vers Fiahonana pour s'y établir temporairement et pour disperser, le cas échéant, les bandes de partisans. La précaution se trouva justifiée, car les deux convois avaient été attaqués entre Maharidaza et Ankazobé, et la protection des deux compagnies envoyées à leur rencontre et qui rentrèrent avec le second convoi ne fut pas inutile pour leur permettre d'arriver, sans autres incidents, à Tananarive.

Cette circonstance décida le général commandant en chef, en vue d'assurer toute sécurité aux convois d'évacuation, comme aux convois de ravitaillement qui devaient suivre encore les premiers (en particulier, pour protéger un convoi chargé de numéraire, qui était impatiemment attendu à Tananarive, où l'argent monnayé devenait rare), à faire occuper, le 11 octobre, le village d'Ankazobé par deux compagnies malgaches. Ces deux compagnies, tout en étant chargées de disperser les bandes de partisans ou de Fahavalos qui tendraient à se former, devaient constituer, par des achats faits dans le pays, un petit magasin, pour leur propre ravitaillement et pour l'usage des convois ou colonnes de passage. Grâce à cette mesure, la sécurité ne tarda pas à renaître sur la route de Mangasoavina, et les deux compagnies purent rentrer à Tananarive le

14 novembre, après l'écoulement des derniers convois.

A cette date, d'ailleurs, comme il sera dit plus loin, non seulement la base de ravitaillement, qui avait été maintenue à Mangasoavina, se trouvait complètement évacuée, mais encore, malgré les dégâts déjà causés à la route par les premières pluies de l'hivernage, toutes les troupes d'étapes et le matériel des services de l'arrière avaient pu être, en totalité, repliés sur Suberbieville et Marololo. C'était, dorénavant, exclusivement par Tamatave, tant que durerait du moins la saison des pluies, que devraient s'effectuer tous les mouvements de troupe ou de matériel entre Tananarive et les divers points de la côte.

Reddition des lignes de Farafate (11 octobre). — Dès le commencement de septembre, le général commandant en chef s'était préoccupé des moyens à mettre en œuvre pour que les communications entre Tamatave et Tananarive pussent être rétablies pour l'époque probable où la capitale de l'Emyrne tomberait entre nos mains. Les communications avec Andriba devaient être trop peu sûres, pendant la saison de l'hivernage, pour qu'il n'y eût pas un intérêt de premier ordre à mettre, sans retard, Tananarive en relations avec la côte par la route de l'est, qui était, d'ailleurs, celle que suivaient le plus fréquemment et le plus volontiers les bourjanes (porteurs indigènes).

Levant donc, pour ce qui concerne Tamatave, la consigne de défensive passive du début, le général commandant en chef avait adressé, le 11 septembre, ses instructions au contre-amiral commandant en chef la division navale, qu'il invitait à amener à Tamatave, du 1er au 5 octobre, toutes les troupes qu'il croirait pouvoir prélever, sans inconvénients, sur la garnison de Diégo-Suarez et sur celle de Majunga et à y réunir le plus grand nombre possible des bâtiments de la division navale.

Si, à la date susindiquée, cet officier général n'avait pas reçu de nouvelles de l'entrée à Tananarive de la colonne légère, il devait s'efforcer, sans nouveaux ordres, de débloquer Tamatave, de manière à être prêt à faire monter, par cette voie, les renforts, en personnel et en matériel, qui pourraient être nécessaires à la colonne légère. Le général en chef laissait, d'ailleurs, au contre-amiral Bienaimé toute latitude sur le choix du moment où l'opération devrait être tentée et sur les moyens à employer pour la mener à bien.

Le 30 septembre, le commandant de la division navale arrivait en rade de Tamatave, à bord du *Primauguet*, avec une compagnie de tirailleurs malgaches; il était suivi, bientôt, par la *Romanche* et par la *Rance*, qui débarquaient, l'une, le 1er octobre, 200 hommes d'infanterie de marine et 10 mulets, l'autre, le 2 octobre, 104 hommes d'infanterie de marine et une section de 80$^{m/m}$ de montagne.

Par suite de l'arrivée de ces renforts, la garnison de Tamatave, sous les ordres du lieutenant-colonel Belin (qui avait remplacé comme commandant supérieur le lieutenant-colonel Colonna de Giovellina, rapatrié), se trouvait comprendre :

1 bataillon d'infanterie de marine;
1 compagnie de tirailleurs malgaches;
1 batterie de 4 pièces de 65$^{m/m}$;
1 section de 80$^{m/m}$ de campagne;
1 section de 80$^{m/m}$ de montagne;

Plus, 2 compagnies de débarquement, que pouvait fournir la division navale, soit, au total, avec les services auxiliaires, un effectif de 39 officiers, 1.177 hommes de troupe, 84 chevaux et mulets.

Après avoir pris l'avis du conseil de défense et avoir fait reconnaître par les officiers les approches des points les plus vulnérables des lignes de Farafate, l'amiral décida que l'attaque se ferait par le village de Vohidotra, qui constituait, au nord, le point d'appui extrême de la ligne de blocus. Ce village, suffisamment abordable pour une colonne arrivant par voie de terre, avait, en outre, l'avantage d'être situé sur le bord de la mer et de se trouver, par suite, sous le feu de l'artillerie des bâtiments de la division navale.

Dans la nuit du 5 au 6 octobre, une colonne commandée par le lieutenant-colonel Belin et formée de deux compagnies d'infanterie de marine, de la compagnie de tirailleurs malgaches, de la batterie de 65 millimètres et d'un équipage de pont improvisé, fut dirigée sur Vohidotra et s'en empara, par surprise, sans perdre un seul homme. S'y étant établie, cette colonne repoussa, également sans pertes, diverses contre-attaques, dont une fort énergique, tentée par les Hovas et mit en état de défense le village, qui devait servir de point d'appui aux opérations ultérieures.

Durant ce temps, le contre amiral Bienaimé, qui s'étonnait de n'avoir encore reçu aucune nouvelle de la colonne légère, avait envoyé la *Rance* à Vatomandry, chercher des renseignements sur la situation du gouvernement hova. Ce bâtiment, en rentrant, dans la matinée du 9, rapporta la nouvelle de l'occupation de Tananarive par nos troupes et de la conclusion de la paix. La cessation des hostilités contre Farafate s'imposait donc immédiatement.

L'amiral envoya, aussitôt, un parlementaire au commandant des lignes hovas, pour l'informer de ces circonstances et le sommer de se rendre avec armes et bagages. Après une suspension d'armes de quarante-huit heures, le gouverneur hova consentit à signer la reddition complète des lignes de Farafate (1), le 11 octobre, à

---

(1) On trouva dans les lignes de Farafate 39

8 h. 1/2 du matin, juste au moment où l'amiral recevait, enfin, l'avis officiel de la prise de Tananarive. La principale route qui relie la capitale de l'Emyrne avec la côte est se trouvait ainsi dégagée.

Ces diverses circonstances permirent de diriger sur Tananarive, dès la fin d'octobre et pendant le mois de novembre : d'une part, le 2e bataillon du 13e régiment d'infanterie de marine, venu d'Andriba par la route de l'ouest; d'autre part, par celle de l'est, 400 hommes de renfort d'infanterie de marine, 100 hommes de tirailleurs malgaches et 100 hommes d'artillerie de marine.

Insurrection du sud-ouest de l'Emyrne. — Le 22 novembre, jour même de la fête du Fandrohana ou du Bain, un mouvement insurrectionnel inopiné éclata dans le sud-ouest de l'Emyrne. Le centre de l'insurrection était à Arivonimamo, gros village situé à 40 kilomètres, à vol d'oiseau, de la capitale de l'Emyrne.

---

canons, 1.200 fusils et une quantité considérable de munitions.

Un pasteur anglais, M. Johnston, sa femme et leur fille furent cruellement massacrés; le gouverneur hova d'Arivonimamo et ses principaux officiers, qui avaient tenté, avec quelques soldats, d'arrêter les chefs du mouvement, furent également tués, avant ou après cet assassinat.

Cette insurrection paraissait être dirigée, non seulement contre le gouvernement de la reine et contre nous, mais, d'une manière générale, contre tous les chrétiens. A sa tête se trouvaient plusieurs prêtres des vieilles idoles et un ou deux sorciers.

D'accord avec les autorités indigènes et sur leur demande, le général en chef dirigea, dès le 23 novembre, sur Arivonimamo, trois compagnies du bataillon malgache, sous le commandement du chef de bataillon Ganeval; mais, en raison d'un violent orage et de pluies torrentielles (habituelles, du reste, en cette saison), qui avaient fait déborder les rivières et profondément détrempé le terrain, le détachement ne put arriver que le 24 à Antsahavola, à mi-chemin, à peine, d'Arivonimamo.

Sur sa route, le commandant Ganeval avait trouvé les villages en partie déserts et avait pu constater que sa marche était épiée par de nombreux rassemblements. Il fit, cependant, une tentative de conciliation, en envoyant les tsimandos (courriers de la reine) et les officiers hovas qui lui avaient été adjoints dans plusieurs villages ; mais cette démarche demeura sans effet et ne servit qu'à tromper une de nos patrouilles, dont le chef, un sergent français, s'obstina à prendre pour des paysans amis une bande de rebelles qui réussit ainsi à l'entourer et à le massacrer.

Cette escarmouche fut, aussitôt, suivie d'une attaque générale de la position occupée par la colonne, heureusement sur ses gardes. Depuis ce moment (24 novembre, à 5 heures du soir) jusqu'au lendemain soir, le commandant Ganeval fut en butte à une série de sept attaques, qu'il sut repousser, à peu près sans pertes, mais où les assaillants, quoique fort mal armés, montrèrent une ténacité et une hardiesse à laquelle ne nous avaient pas habitués les soldats hovas et qui ne pouvait prendre sa source que dans un fanatisme violemment surexcité (1)

D'après les renseignements recueillis sur place, ces rebelles appartenaient en majorité à une tribu hova, dite des Zanok'antitras (fils des ancêtres); ceux qui les dirigeaient poursuivaient le double but de chasser les étrangers, à quelque confession religieuse qu'ils appartinssent et de ramener le peuple au culte des idoles, qui n'a jamais, d'ailleurs, dans la partie montagneuse de l'Emyrne, cessé de compter d'assez nombreux adhérents.

Quoi qu'il en soit, le commandant Ganeval avait réussi, le 25 novembre au soir, à repousser tous les assauts et à refroidir sensiblement l'entrain des agresseurs ; mais il n'en était pas moins entouré, hors

---

(1) On voyait, du reste, des mpsikidy (sorciers) distribuer aux rebelles des amulettes qui devaient les rendre invulnérables et on fut frappé de voir certains assaillants aborder nos soldats, presque à bout portant, en étendant seulement devant eux leurs lambas blancs, que leurs chefs prétendaient, par leurs maléfices, avoir rendus impénétrables à nos projectiles.

de portée de fusil, dans toutes les directions, voyait ses munitions réduites de moitié et éprouvait les plus grandes difficultés à faire vivre ses hommes sur le pays, ce qui, à son départ de Tananarive, avait paru devoir être possible et même facile. Aussi, se décida-t-il, après en avoir avisé le général en chef, par trois courriers, dont un seul parvint à traverser les bandes ennemies, à se rapprocher suffisamment de Tananarive pour pouvoir être rejoint facilement par les renforts, les vivres et les munitions qu'il réclamait.

Après quelques escarmouches, il put, en effet, venir bivouaquer, le 26 novembre au matin, sur la rive droite de l'Andromba, à 12 kilomètres de Tananarive. Il y fut rejoint, dans l'après-midi du même jour, par deux compagnies de Haoussas, une section de la 9ᵉ batterie d'artillerie de marine et un convoi de munitions et de vivres (10 jours), qui avaient été mis en route dès le 25 au soir.

La colonne ainsi renforcée reprit, le 27 au matin, sa marche sur Arivonimamo, où elle arriva le 28.

Conformément aux ordres du commandement, le chef du détachement, après avoir fait brûler quelques maisons appartenant à certains meneurs connus, poussa immédiatement jusqu'à Amboanana, à 18 kilomètres dans le sud, où habitait Razafinivoavy, le chef principal de l'insurrection. Ce village, entièrement déserté par ses habitants, fut également brûlé dans la journée du 30 novembre.

D'autres petites colonnes furent ensuite dirigées sur divers centres signalés comme ayant pris une part active à l'insurrection ; quelques meneurs, arrêtés par elles ou livrés par les autorités et les habitants demeurés fidèles, furent passés par les armes, après que leur culpabilité eut été établie par une soigneuse enquête contradictoire (1). Les rebelles, démoralisés par cette prompte et vigoureuse répression, reculèrent de toutes parts devant nos trou-

---

(1) Une de ces colonnes, poussée à 70 kilomètres à l'est de Tananarive, ramena avec elle trois missionnaires protestants, de nationalité anglaise, et leurs familles, qui s'étaient trouvés cernés par l'insurrection, dans le voisinage du lac Itasy et qu'avait recueillis et protégés le gouverneur hova du district.

pes. Leurs chefs se rejetèrent dans les gorges de l'Ankaratra, leur impénétrable refuge habituel, laissant à eux-mêmes la plupart des adhérents à la rébellion, dont beaucoup, privés de ressources, ne tardèrent pas à marquer un profond découragement.

Le général en chef fit envoyer alors, en qualité de lieutenant de la reine dans les districts insurgés, notre ancien adversaire, Ranianzalahy, 14e honneur, qu'accompagnèrent plusieurs hauts fonctionnaires hovas, chargés de s'efforcer de calmer les populations, de les ramener et de commenter, vis-à-vis d'elles, un manifeste de la reine, qui blâmait énergiquement la rébellion et prescrivait de la réprimer sévèrement. Dès le 3 décembre, les insurgés venaient, par grandes bandes, faire leur soumission.

Néanmoins, par prudence, le général en chef maintint, d'abord, à Arivonimamo, pour rayonner, autant qu'il serait nécessaire, dans tous les environs, le détachement entier du commandant Ganeval (1).

---

(1) A la suite de la répression de l'insurrec-

C'est le 19 décembre seulement qu'il rappela à Tananarive les deux compagnies de Haoussas, laissant encore à Arivonimamo trois compagnies du bataillon malgache et la section d'artillerie.

Insurrection de la côte est. — Un nouveau mouvement insurrectionnel, mais d'origine et de nature différentes, venait alors d'éclater, de l'autre côté de Tananarive, sur la route de Tamatave. Ce mouvement, du reste, n'était dirigé, ni contre nous, ni, en général, contre les Européens, mais contre les Hovas eux-mêmes. Les peuplades de cette région de l'est, autrefois vaincues et, depuis, assez durement exploitées par eux, se soulevaient, dans une haine commune contre leurs anciens oppresseurs, qu'ils ne croyaient pas devoir être défendus par nous.

L'insurrection éclata, le 13 décembre, dans la partie montagneuse du district de Mahanoro, non loin de l'embouchure du Mangoro, à 50 ou 60 kilomètres au sud

---

tion du sud-ouest, le général en chef cita à l'ordre du corps expéditionnaire le commandant Ganeval, le capitaine Staup, le lieutenant Poisson, le sergent Vanbatten et le caporal indigène Dadaie.

d'Andevorante et à plus de 200 kilomètres au sud-est de Tananarive. Une bande de pillards, dits Vorimos, se porta sur Vatomandry, qu'elle menaça assez sérieusement et lança quelques éclaireurs jusqu'à Beforona, sur la route commerciale de Tananarive à Tamatave.

Malgré les déclarations amicales que ces Vorimos affectaient de prodiguer aux blancs, la situation pouvait devenir assez grave, car cette route était la seule ligne de communications et de ravitaillement utilisable, pendant l'hivernage, pour la garnion de Tananarive. C'était, en effet, par cette voie (en grande partie suivie par la ligne télégraphique), que montaient les renforts et tous les approvisionnements (argent, munitions, farines, vin, etc.) indispensables au corps d'occupation et les porteurs hovas, effrayés par le récit des violences exercées par les pillards contre ceux de leurs compatriotes qui étaient tombés entre leurs mains, refusaient absolument leurs services, de quelque prix qu'on voulût les payer.

Dès le 17 décembre, l'ordre fut, en conséquence, envoyé à l'amiral Bienaimé de diriger un de ses bâtiments sur Vatomandry, pour y débarquer un détachement de 50 hommes ; un autre détachement de 60 hommes, qui montait à Tananarive, fut, d'autre part, arrêté à Ampasimbé, à 12 kilomètres à l'est de Beforona. Enfin, une compagnie de Haoussas partit de Tananarive, le 19 décembre, à destination de Beforona.

Le lieutenant-colonel Gonard, du 13e régiment d'infanterie de marine, déjà installé à Andevorante pour diriger et surveiller les mouvements des convois montant à Tananarive ou en descendant, fut, en outre, chargé, sous la direction supérieure du commandant de la division navale, d'exercer le commandement de toutes les forces échelonnées le long de la route, pour en défendre les abords contre les insurgés.

Mais, avant que la compagnie de Haoussas eût pu atteindre Beforona, ce village, ainsi que plusieurs hameaux situés le long de la route, furent pillés et brûlés. Deux convois appartenant à des négociants de Tananarive furent pillés et les bourjanes dispersés, quelques-uns même blessés ou tués. Tanimandry, village fortifié, voisin d'Andevorante et Ampasimbé furent simultanément attaqués (23 décembre).

A Ampasimbé, le commandant du poste réussit, sans peine et sans perte, à repousser l'ennemi.

La situation était plus dangereuse à Tanimandry, où un détachement de renfort, appelé de Diégo-Suarez pour défendre ce poste, n'était pas encore arrivé. Le lieutenant-colonel Gonard n'hésita pas à s'enfermer dans le rova, avec quelques officiers de passage, six soldats convalescents et plusieurs officiers et soldats hovas.

La décision hardie de cet officier supérieur fut couronnée de succès, car il réussit à repousser les assaillants (cent fois plus nombreux que les défenseurs), en perdant seulement 4 de ses auxiliaires indigènes, tandis que l'ennemi laissait 25 ou 30 morts sur le terrain; mais il ne put empêcher ses adversaires, en se retirant, d'incendier le village.

Aussitôt que ces faits furent connus de lui (24 décembre), le général en chef fit partir de Tananarive une seconde compagnie de Haoussas, tandis que le détachement de 60 tirailleurs malgaches, arrivé enfin de Diégo-Suarez, venait occuper Andevorante et Tanimandry. A la date du 30 décembre, malgré des pluies torrentielles qui avaient fait déborder tous les cours d'eau et transformé en lacs les marigots de la route, les deux compagnies de Haoussas avaient réussi à prendre position, échelonnées, en six ou sept postes, entre Andevorante et Moramanga.

En présence de ce déploiement de forces, les chefs qui avaient dirigé les attaques contre Andevorante et contre les villages de la route se replièrent vers le sud, après avoir fait témoigner au commandant supérieur leur intention de ne pas nous combattre. En même temps, le chef du poste de Vantomandry et le docteur Besson, vice-résident de France, que l'amiral Bienaimé avait envoyé à Mahanoro, obtenaient la soumission de la plupart des Vorimos qui tenaient la contrée autour de cette place.

Dès lors, la route de Tananarive à Tamatave fut, de nouveau, assez sûre pour que tous les mouvements de convois pussent être repris et s'effectuer avec la régularité désirable. M. Laroche, résident général de

France, débarqué à Tamatave, le 8 janvior, put, en effet, monter sans escorte de Tamatave à Tananarive, où il arriva le 16 janvier.

Néanmoins, quelques maraudeurs plus hardis, suivis d'un certain nombre d'habitants du pays qu'avaient entraînés leurs menaces ou l'appât du pillage, étaient demeurés dans la brousse, un peu au nord de la route d'Andevorante à Tananarive. Ces pillards, au nombre d'une centaine, terrorisaient le pays, pillant et brûlant les villages, massacrant sans pitié ceux des habitants qui essayaient de résister, enlevant les femmes et les enfants.

Le capitaine Freysttater, du bataillon haoussa, qui commandait le poste de Maromby, se lança à leur recherche, avec une section de son détachement. S'étant heurté au gros de cette bande, le 17 janvier, il réussit à la disperser, après lui avoir tué 40 ou 50 hommes (1). Cette ri-

---

(1) C'est le 21 janvier que le général commandant en chef, en route vers Tamatave et à qui le rapport circonstancié sur cette affaire n'est pas parvenu, en apprit la nouvelle, par un télégramme du commandant supérieur.

goureuse exécution semble avoir eu un effet décisif, car le général commandant en chef, en descendant, quelques jours après, sur Tamatave, trouva la population de ce district (qui avait fui vers l'ouest) revenue dans ses villages dévastés et brûlés et occupée à les reconstruire.

VII. — RAPATRIEMENTS

L'expérience de nos récentes campagnes coloniales faisait au général en chef et au Gouvernement une obligation de se préoccuper, avant même le départ du corps expéditionnaire, des moyens d'en rapatrier, bientôt, les blessés transportables et les malades. C'est, du reste, à l'intention des hommes à rapatrier, bien plus que dans l'espoir de pouvoir, après guérison, faire rentrer dans le rang les militaires atteints des affections, ordinairement si tenaces, des climats tropicaux, qu'avait été institué le sanatorium de Nossi-Comba.

On avait voulu, en effet, leur ménager une transition, douce et réconfortante, entre leur séjour dans les hôpitaux, fatalement encombrés et toujours sommairement amenagés, de la ligne d'opérations, et l'installation, également assez imparfaite, des bâtiments de transport. Ils trouveraient, à Nossi-Comba (et ils y trouvèrent, en effet), avec une organisation plus complète et des abris semi-permanents, un air plus réconfortant et des soins plus attentifs, sinon plus éclairés, que ceux dont ils auraient été précédemment l'objet et y recouvreraient assez de forces pour pouvoir ensuite, presque sans risque, supporter la fatigue d'une longue traversée (2).

---

(2) La traversée de Madagascar à la côte française de la Méditerranée est longue, en effet (21 à 23 jours). Il a paru, cependant, préférable de rapatrier directement les malades, plutôt que d'accepter l'offre faite par la colonie de la Réunion de les hospitaliser à Saint-Denis ou à Salazie, bien moins à cause de la dépense à prévoir, — dépense à considérer, cependant, en raison du prix élevé demandé pour ces hospitalisations, — que pour éviter aux malades une double cause de fatigues et une profonde déception.

On doit se rappeler, à ce sujet, que cinq jours environ sont nécessaires pour se rendre de la baie de Bombetoke à la Réunion, en doublant le cap d'Ambre, dont le passage est presque toujours pénible et souvent dangereux;

En vertu des dispositions arrêtées d'accord avec l'administration maritime, le rapatriement des malades partant, soit de Majunga, soit de Nossi-Comba, devait se faire :

1º Par les paquebots réguliers des Messageries maritimes;

2º Par des transports de l'Etat, ou par des paquebots spécialement affrétés pour ce service.

Pour le premier convoi de rapatriés, qui ne tarda pas à s'imposer, on profita du

---

de plus, le séjour à Saint-Denis ne devant guère convenir à des fiévreux, il eût fallu leur imposer encore la pénible ascension de la montagne, faite en partie en voiture, pour gagner les baraquements, insuffisants du reste, de Salazie.

Il suffit, au surplus, d'avoir vu et entendu les malades du corps expéditionnaire pour savoir que, tous, ne formulaient qu'une demande, ne caressaient qu'un rêve, rentrer en France et retrouver, au plus tôt, l'air natal, la vue du pays et les soins de la famille. Cette observation est si vraie que l'interdiction, justifiée cependant, de continuer les rapatriements pendant les deux mois les plus chauds, provoqua, chez la plupart des malades, de véritables accès de désespoir.

retour en France, en fin de contrat, du *Notre-Dame-de-Salut,* paquebot affrété lors de l'envoi à Madagascar des troupes de l'avant-garde et qui avait, depuis lors, été rattaché, comme transport-auxiliaire, à la division navale. Ce bâtiment, bien aménagé, partit de Majunga, le 29 juin, avec 395 passagers, fit escale à Obock, à Alger et à Toulon, pour y débarquer successivement des coolies abyssins, des conducteurs kabyles et des hommes de la marine et arriva à Marseille, le 25 juillet.

On comptait utiliser, pour le second convoi de malades, vers le 15 août, le transport-hôpital de l'Etat *Shamrock*. La nécessité s'étant imposée d'accélérer ce mouvement, pour parer à l'encombrement des hôpitaux et le navire en question ayant paru nécessaire à conserver encore à Majunga, où il servait d'hôpital flottant, le général commandant en chef obtint d'utiliser, pour le transport de 600 passagers, (dont 100 coolies), le paquebot *Provence*, qui rentrait en France. L'aménagement de ce bâtiment, en vue du rôle spécial qu'il allait avoir à remplir, fut assuré par le corps expéditionnaire, qui fournit également les médecins et les infirmiers nécessaires. Parti de Majunga le 30 juillet, il arriva, le 23 août, à Marseille, après avoir fait également les différentes escales citées plus haut.

Le *Notre-Dame-de Salut* avait eu, en route, 10 décès ; la *Provence* en eut 21, au cours de cette traversée.

Ces pertes douloureuses, qui ne devaient malheureusement pas être les dernières, émurent vivement le commandement, qui, après examen, ne crut pas, cependant, devoir proposer de modifications au programme primitif, persuadé qu'il était, d'accord en ce point avec toutes les autorités médicales, que plus élevé encore serait le chiffre des pertes si on retenait sous les tropiques, — en quelque lieu que ce fût, — les malades profondément anémiés et cachectisés, qui revenaient de l'avant, pour lesquels le changement de milieu radical qu'entraînait le rapatriement constituait la meilleure chance de guérison.

Les départs suivants furent ceux du *Shamrock,* qui emporta le 15 août 563 malades, et du paquebot *Concordia,* qui quitta

Majunga le 20 août avec 550 autres. Tous deux étaient à destination de Marseille, où ils arrivèrent, respectivement, après avoir fait différentes escales, les 16 et 19 septembre.

Il restait encore, à la base maritime, après ces premiers rapatriements (qui pourtant atteignaient déjà un chiffre supérieur à 2.100 hommes), 1.800 malades, répartis entre l'hôpital, dit d'évacuation, établi à Ankaboka et celui de Majunga; les formations sanitaires de la ligne d'étapes annonçaient, d'autre part, d'urgentes et nombreuses évacuations vers l'arrière. Dès le 21 août, le directeur des étapes demandait, au nom du général en chef, l'autorisation d'utiliser un paquebot de la Compagnie havraise, la *Ville-de-Metz*, pour rapatrier 400 conducteurs somalis et kabyles qui partiraient en septembre et l'affrètement, pour les premiers jours d'octobre, de deux autres bâtiments.

Ces demandes ayant reçu satisfaction, la *Ville-de-Metz* quitta Majunga le 27 septembre; quant aux deux paquebots *Canton* et *Cachar*, ils partirent de Majunga, le premier, le 24 septembre, avec 642 hommes, le second, le 14 octobre, avec 10 officiers et 740 hommes de troupe.

Mais les demandes du commandement du corps expéditionnaire, aux prises avec les difficultés créées par une effrayante morbidité et qui craignait toujours, pour les malades, le danger, plus redoutable encore, d'une épidémie résultant de leur encombrement, se succédaient plus pressantes.

En vue d'y satisfaire, le Gouvernement donna l'ordre de retour au transport-hôpital *Vinh-Long* et affréta, successivement, les paquebots *Notre-Dame-de-Salut*, *Ville-du-Havre*, *Vercingétorix* et *Cachemire*; en même temps, il prescrivait d'employer, dans une mesure aussi large que possible, les paquebots réguliers des Messageries maritimes (200 hommes environ par paquebot) et d'utiliser, le cas échéant, les ressources hospitalières de nos colonies de l'océan Indien, auxquelles les approvisionnements nécessaires et plusieurs centaines de fournitures de couchage furent envoyés dans ce but.

Sans entrer dans plus de détails au sujet des rapatriements de malades par les paquebots susénumérés (1), on se bornera à rappeler, pour terminer ce qui a trait au rapatriement des malades et convalescents, les dispositions prises, en même temps, par l'administration de la guerre, pour leur assurer les soins nécessaires pendant la traversée et pour hospitaliser, à l'arrivée, ceux d'entre eux qui ne pourraient être envoyés immédiatement en congé dans leurs foyers.

---

(1) Ces bâtiments furent mis en route aux dates et dans les conditions de chargement indiquées ci-après :

« *Notre-Dame-de-Salut,* départ le 17 octobre, avec 710 malades et convalescents;

» *Vinh-Long,* départ le 1ᵉʳ novembre, avec 360 malades et convalescents;

» *Ville-du-Havre,* départ le 5 novembre, avec 570 malades et convalescents (conducteurs kabyles et somalis);

» *Cachemire,* départ le 8 novembre, avec 680 malades et convalescents;

» *Vercingétorix,* départ le 19 novembre, avec 472 malades et convalescents. »

Le reliquat des malades entra, par petits groupes, dans le chargement des paquebots affrétés pour le rapatriement des unités constituées du corps expéditionnaire; les derniers partirent, le 30 janvier 1896, par le transport-hôpital *Annamite*.

Chaque paquebot rapatrieur était pourvu de trois médecins, dix infirmiers et un aumônier; ce personnel, prélevé d'abord sur les formations sanitaires du corps expéditionnaire, fut, bientôt après, remplacé par un personnel spécialement envoyé de France en vue des rapatriements. Les chartes-parties des affrétés prévoyaient, pour chaque malade, l'usage d'une couchette, avec matelas, traversin et couverture; une infirmerie-hôpital, d'une contenance égale à un quart au moins de l'effectif des rapatriés, devait, en outre, être installée sur chacun de ces bâtiments, lesquels étaient pourvus de tous les effets de rechange, approvisionnements et médicaments nécessaires, y compris des quantités considérables de lait condensé ou stérilisé (1).

Enfin, les ordres et avis nécessaires avaient été donnés pour qu'au passage à

---

(1) Une partie notable des dons nationaux trouva son emploi sur les paquebots rapatrieurs, à bord de chacun desquels d'abondantes distributions furent régulièrement faites, avant le départ de Majunga, par la direction du service des étapes.

Suez les commandants d'armes de chaque bâtiment fissent débarquer et entrer à l'hôpital français de ce port tous les malades que les médecins jugeraient ne pouvoir, sans danger, continuer leur route.

En France et en Algérie, tous les hôpitaux des ports de la côte avaient, d'autre part, été dégagés, pour permettre d'y installer les malades ; des dépôts de convalescents furent, en outre, organisés, à Porquerolles et dans la banlieue d'Alger.

A l'arrivée de chaque bâtiment, une commission mixte d'officiers et de médecins, assistés d'infirmiers, procédait immédiatement à la visite des malades, dirigeait les alités sur les hôpitaux, en utilisant à cet effet le mode de transport le plus efficace et faisait conduire les convalescents dans une caserne aménagée à cet effet, où ils recevaient les effets de remplacement nécessaires et d'où ceux d'entre eux à qui leur famille pouvait garantir la subsistance et les soins nécessaires étaient, bientôt, envoyés dans leurs foyers, en convalescence.

Ajoutons que, quelque douloureuses qu'aient encore été les pertes survenues parmi les malades et convalescents rapatriés, la très grande majorité de ceux-ci, rentrés dans le milieu familial ou simplement traités dans les hôpitaux et dans les dépôts, ont, assez promptement, triomphé de l'affection fébrile, presque identique pour tous, qui a fait des vides si cruels dans les rangs du corps expéditionnaire.

Deux ou trois mois de repos et de soins, souvent moins, ont suffi à la plupart d'entre eux pour qu'ils fussent en état de reprendre, soit leur service, soit les occupations de leur existence antérieure, pour ceux (appartenant à la classe de 1892) que la libérale décision du 12 novembre 1895 a libérés par anticipation.

Cette notice sur les rapatriements serait incomplète si, après avoir, tout d'abord, parlé de celui des hommes renvoyés en France à titre de malades et de convalescents, qui, du reste, y rentrèrent les premiers, on ne mentionnait aussi celui de la partie des éléments valides du corps expéditionnaire qui n'étaient pas désignés pour faire partie des troupes d'occupation.

Dans la pensée du Gouvernement, —

telle qu'elle avait été formulée lors du départ de France, — il devait suffire, après l'achèvement des opérations militaires et le rétablissement de la paix, de laisser à Madagascar, en outre de la garnison normale de Diégo-Suarez, une brigade mixte d'occupation, qui tiendrait garnison à Tananarive (avec des détachements à Fianarantsoa, à Tamatave et à Majunga) et dont les éléments principaux seraient fournis par la brigade de marine (2e brigade) du corps expéditionnaire.

Conformément à ces dispositions, auxquelles, du reste, il demeurait libre d'apporter telles modifications provisoires que les événements lui sembleraient imposer, le général en chef avait pris soin, avant même de quitter Andriba pour marcher sur Tananarive, d'établir un projet de rapatriement pour les éléments dont il lui paraissait probable que la présence cesserait d'être nécessaire dans l'île après la conclusion de la paix. Dès que le traité du 1er octobre eut été signé et que le désarmement général de la population hova eut été assuré, il se préoccupa de donner promptement à ses prévisions antérieures, qui avaient reçu l'approbation du Gouvernement, la suite qu'elles comportaient.

Il convenait, d'ailleurs, de se presser à cause de la saison déjà tardive et de l'approche des pluies de l'hivernage, qui, à dater de la seconde quinzaine de novembre, rendraient à peu près impossibles les mouvements de troupe de quelque importance.

Retenant, en conséquence, à Tananarive les deux bataillons de tirailleurs du régiment d'Algérie, pour parer au déchet survenu dans l'effectif des troupes d'infanterie de marine, la 16e batterie de montagne, deux compagnies du génie, deux compagnies du train et le peloton de cavalerie, il donna, à la date des 15 et 16 octobre, les ordres d'exécution pour le mouvement de repli des 1er bataillon du régiment d'Algérie et 3e bataillon du 200e, qui avaient fait partie de la colonne légère, ainsi que pour la retraite des troupes d'étapes, des formations sanitaires, des détachements d'ouvriers, de l'artillerie et du train, enfin, des commandants d'étapes eux-mêmes et de leur personnel, échelonnés, de Mangasoavina à Majunga, tout le long de la ligne d'opérations.

Le général Metzinger recevait le commandement supérieur de l'arrière ; cet officier général devait, non seulement diriger en personne la marche de la petite colonne descendant de Tananarive, mais encore assurer, après le passage de cette colonne, la suppression des postes (ceux de Mavetanana et de Marololo exceptés), faire diriger sur Majunga les malades restants, puis les demi-valides et prendre, enfin, toutes les mesures nécessaires pour le renvoi des approvisionnements à Majunga, où se ferait la répartition entre le matériel à rembarquer pour France et celui à laisser pour l'usage ultérieur du corps d'occupation.

La colonne descendante utiliserait la route de terre jusqu'à Marololo, où elle arriverait, du 15 au 20 novembre ; les transports se feraient ensuite par eau, à l'aide du matériel de la flottille fluviale concentré, à cet effet, au confluent de la Betsiboka et de l'Ikopa. Les voitures Lefebvre stationnées entre Marololo et Andriba seraient laissées en parc à Suberbieville ; les chevaux et mulets, harnachés, seraient ramenés par terre, à Majunga, où tous ceux qui ne seraient pas nécessaires à la compagnie du train maintenue dans cette place seraient vendus.

Pour l'application de ces mesures générales, l'ordre fut encore donné de reconstituer, au préalable, les éléments disloqués des troupes d'étapes dans certains postes spéciaux, qui furent :

Pour le 40e bataillon de chasseurs, Ambato ;

Pour le 200e régiment d'infanterie, Ankaboka ;

Pour les conducteurs kabyles, Mevarane ;

Pour l'artillerie, le génie, le train et les sections, le port même de Majunga.

Ces dispositions, complétées par diverses mesures ayant pour objet d'améliorer l'installation matérielle des troupes de passage ou stationnées dans les divers postes et par le renforcement des formations sanitaires de la base maritime, très consciencieusement et intelligemment appliquées par les colonels Palle et Bailloud, sous la haute direction du général Metzinger, furent intégralement exécutées dans les conditions prévues.

Les efforts des différents services, militaires et maritimes, à qui incombait la responsabilité de ces difficiles opérations furent pleinement secondés, d'ailleurs, par l'empressement des officiers et hommes de troupe rapatriables, qui se montrèrent pleins de zèle et de bonne volonté pour tout ce qui pouvait hâter le moment de leur embarquement et furent particulièrement faciles à satisfaire, en ce qui concerne les installations, un peu hâtivement préparées, à bord des différents paquebots.

La colonne du général Metzinger, partie de Tananarive le 22 octobre, arriva, sans incidents graves, entre le 12 et le 15 novembre, à Suberbieville, où elle fut bientôt rejointe par les éléments successivement repliés des services de l'arrière ; ces différentes unités continuèrent ensuite, par eau, leur voyage sur Majunga, où le 2e bataillon du 200e débarqua, le 19 novembre. L'arrivée de ce bataillon coïncidait, ainsi, jour pour jour, avec l'entrée en rade du premier des dix bâtiments affrétés par le Gouvernement pour le rapatriement du corps expéditionnaire.

Conformément aux ordres du général commandant supérieur des troupes et services de l'arrière, les mesures nécessaires avaient été prises, à l'avance, pour assurer rapidement le chargement sur les affrétés du matériel à destination de France et l'embarquement des troupes. Le premier bâtiment rapatrieur, *Chandernagor*, put ainsi partir, dès le 23 novembre, emportant les unités rapatriées d'artillerie ; ce paquebot fut suivi, le 26 novembre, par le *Carolina*, enlevant le 2e bataillon du 200e.

Le 27 novembre, le *Canarias* quittait, à son tour, Majunga, avec 417 Kabyles et Somalis, et, dès lors, les opérations de l'embarquement purent se succéder, sans interruption, dans les conditions indiquées ci-après :

Le 29 novembre, départ, par le *Liban*, des 1er et 3 bataillons du 200e, arrivés à Majunga le 26 novembre ;

Le 1er décembre, départ, par l'*Amérique*, dn 40e bataillon de chasseurs, arrivé à Majunga le 28 novembre ;

Le 3 décembre, départ, par l'*Hindoustan*, du 1er bataillon du régiment d'Algérie arrivé à Majunga le 1er décembre (1);

Le 5 décembre, départ, par le *Columbia*, de 500 Kabyles ;

Le 9 décembre, départ, par l'*Italie*, de 63 officiers sans troupes et assimilés et de 452 hommes, dont 210 marins.

Il ne restait plus, dès lors, à Majunga, que les unités à rapatrier du génie et du train, des Kabyles et des « isolés » des derniers postes et les malades que leur état de santé n'avait pas permis de rapatrier, en octobre et novembre, lors de l'évacuation des hôpitaux.

Ces différents éléments furent enlevés, le 11 décembre, par le *Concordia*, qui emporta 530 Kabyles ; le 13 décembre, par le *Massilia*, qui emporta 777 Kabyles ; le 23 décembre, par le *Cachar*, qui emporta 149 marins et 523 Kabyles et Somalis ; enfin, le 28 décembre, par le *Notre-Dame-de-Salut*, qui acheva l'évacuation des malades

---

(1) Ce paquebot chargea, en outre, à Nossi-Comba, 55 convalescents.

transportables restés aux hôpitaux de Majunga et de Nossi-Comba.

Le lendemain de ce dernier départ (29 décembre), le général Metzinger partait lui-même par le paquebot régulier *Djemnah,* qui débarquait à Zanzibar, le 1ᵉʳ janvier, 200 coolies comoriens du corps expéditionnaire.

En un mois, les affrétés rapatrieurs avaient enlevé :

241 officiers ;

3.043 hommes de troupe ;

417 marins ;

Et 2.518 conducteurs auxiliaires ;

Plus, 2.074 tonnes de matériel.

La direction des étapes n'avait conservé, à Majunga, que les hommes trop malades pour pouvoir encore supporter la traversée et environ 200 auxiliaires, Algériens et Comoriens, dont la présence était encore jugée nécessaire : les Algériens, pour faire le service à la compagnie du train de la base maritime (1ʳᵉ compagnie), qui ne recrutait que péniblement les conducteurs malgaches appelés à les remplacer ; les Comoriens, pour achever la mise en ordre des magasins plus ou moins désorganisés par les prélèvements effectués, et pour préparer les futurs envois de matériel à diriger, soit sur la France, soit sur Tamatave, notre seconde base de ravitaillement.

La colonne du général Metzinger, partie le 22 octobre, pour Suberbieville et Majunga, avait été le dernier convoi dirigé vers la côte, par la route de l'ouest. A partir de ce moment, les officiers et hommes de troupe isolés de la garnison de Tananarive, désignés pour être rapatriés, furent expédiés, par la route de l'est, sur Tamatave, de façon à pouvoir y être embarqués (tous les quinze jours) sur les paquebots réguliers de la compagnie des Messageries maritimes.

Cette route, longue d'environ 300 kilomètres, dont il n'a pas encore été parlé, descend du plateau d'Emyrne, à travers une série de chaînes montagneuses fort escarpées et d'un haut relief, couvertes en grande partie par la forêt vierge et coupées de profondes vallées, souvent marécageuses, que suivent des cours d'eau généralement fort larges et, pour la plupart, non guéables. Elle n'était, dans l'état où nous la trouvions, praticable sans d'énormes efforts, ni pour des bêtes de somme chargées (1), ni même d'une façon générale pour des piétons européens.

Le général commandant en chef décida, par suite, l'organisation, par les soins de l'intendance, d'un service de transports par porteurs, qui devait assurer non seulement le transport en filandzane des isolés, mais encore les transports

---

(1) Lorsque, vers la fin de décembre 1895, l'insurrection des Vorimos obligea le général en chef à diriger, successivement, par cette route, vers la côte est, deux compagnies de Haoussas, l'absence complète de porteurs indigènes, qui refusèrent tous, quelle que fût la rémunération offerte, de suivre la marche des colonnes qui pouvaient avoir à échanger avec les rebelles quelques coups de fusil, obligea à faire suivre le détachement par 70 ou 80 mulets du train, conduits par des Sénégalais. Ces mulets réussirent, quoique à fort grand'peine, à descendre jusqu'à Beforona et Maromby, parce que les soldats haoussas, nombreux et robustes, les avaient soutenus, aidés et même portés dans les passages les plus difficiles; mais il fut de toute impossibilité de les faire remonter en Emyrne sans ces auxiliaires qui devaient rester éehelonnés le long de la route et il fallut se décider à les garder provisoirement à la côte.

de ravitaillement. Il établit, à cet effet, un tarif des frais de route, réglé de façon à couvrir la dépense de ces transports pour les isolés, d'après les bases, sensiblement majorées déjà, du tarif des porteurs. Il fit, en outre, établir, dans les gîtes ordinaires d'étapes de Moramanga, Ampasimbé et Andevorante, de petits magasins des subsistances, ravitaillés, partie par achats directs, partie par des envois faits de la base de Tamatave.

Par ces moyens, 20 ou 25 officiers et environ 60 hommes de troupe, rapatriés comme convalescents, purent, sans trop de fatigue ni de difficultés, gagner le port de Tamatave, où ils furent successivement, en décembre et janvier, embarqués sur les paquebots réguliers des Messageries maritimes.

C'est également dans ces conditions et par cette voie que M. Laroche, résident général de France à Madagascar, ainsi que le personnel sous ses ordres, put monter à Tananarive, où le premier, comme il a déjà été dit, arriva le 16 janvier au milieu du jour, après une marche extrarapide de moins de six jours.

Le 18 janvier, après avoir remis les divers services de son commandement à ce haut fonctionnaire et l'avoir présenté, le 17, à la reine, comme le nouveau représentant du gouvernement de la République à Madagasear, le général commandant en chef partait, à son tour, avec une partie de son état-major, pour Tamatave, où il arriva le 25 au matin. Embarqué, le même jour, sur le *Yang-Tsé*, il visita successivement Diégo-Suarez, Nossi-Bé et, enfin, Majunga, d'où il partit définitivement, le 29 janvier, pour débarquer à Marseille, le 20 février 1896.

Le général commandant le corps expéditionnaire,

Ch. Duchesne.

FIN

TABLE

Chapitres.		Pages.
I.	Origines de la guerre..................	6
II.	Etude préparatoire à l'organisation de l'expédition.......................	8
III.	Préparation de l'expédition...........	12
IV.	Dispositions relatives à l'embarquement et au débarquement du personnel et du matériel......................	44
V.	Théâtre de la guerre. — Plan d'opérations.............................	60
VI.	Construction de la route. — Organisation du service de l'arrière et des ravitaillements......................	72
VII.	Rapatriements.....................	265

Paris et Limoges. — Imp. milit. Henri CHARLES-LAVAUZELLE.

www.ingramcontent.com/pod-product-compliance
Lightning Source LLC
Chambersburg PA
CBHW070744170426
43200CB00007B/645